LÍNGUA ESTRANGEIRA MODERNA—ESPANHOL

Formación en Español: lengua y cultura

Divulgación

Autores

Terumi Koto Bonnet Villalba
- Professora de Língua e Literatura Espanhola da Universidade Federal do Paraná (UFPR).
- Doutora em Estudos da Linguagem pela Universidade Federal do Rio Grande do Sul (UFRGS).

Maristella Gabardo
- Professora de Língua Espanhola do Instituto Federal do Paraná (IFPR).
- Mestre em Estudos Linguísticos pela Universidade Federal do Paraná (UFPR).

Rodrigo Rodolfo Ruibal Mata
- Professor de Língua Espanhola do Colégio Bom Jesus – Ensino Fundamental II e Ensino Médio.
- Mestrando em Estudos Linguísticos na Universidade Federal do Paraná (UFPR).

8º ANO

1ª Edição
Curitiba – 2012

BASE EDITORIAL

Dados para Catalogação
Bibliotecária responsável: Izabel Cristina de Souza
CRB 9/633 – Curitiba, PR.

> Villalba, Terumi Koto Bonnet, 1949-
> V714f Formación en español : lengua y cultura : divulgación : 8º ano / Terumi Koto Bonnet Villalba, Maristella Gabardo, Rodrigo Rodolfo Ruibal Mata. – Curitiba : Base Editorial, 2012.
> 128p. : il. col. ; 28cm. - (Língua estrangeira moderna : espanhol ; v.3)
>
> ISBN: 978-85-7905-938-4
> Inclui bibliografia
>
> 1. Língua espanhola (Ensino fundamental) - Estudo e ensino. I. Gabardo, Maristella. II. Mata, Rodrigo Rodolfo Ruibal. III. Título. IV. Série.
>
> CDD 21. ed.
> 372.6561
> 468.24

Formación en español: lengua y cultura
Copyright – Terumi K. Bonnet Villalba; Maristella Gabardo; Rodrigo R. Ruibal Mata
2012

Conselho editorial
Mauricio de Carvalho
Oralda A. de Souza
Renato Guimarães
Dimitri Vasic

Gerência editorial
Eloiza Jaguelte Silva

Editor
Eloiza Jaguelte Silva

Coordenação de produção editorial
Marline Meurer Paitra

Assistência de produção
José Cabral Lima Júnior
Rafael Ricardo Silva

Iconografia
Osmarina Ferreira Tosta
Ellen Carneiro

Revisão
Terumi Koto Bonnet Villalba
Rodrigo Rodolfo Ruibal Mata
Donália Maíra Jakimiu Fernandes Basso

Licenciamento de texto
Valquiria Salviato Guariente

Projeto gráfico, diagramação e capa
Labores Graphici

Ilustrações
Labores Graphici – Ricardo Luiz Enz

Base Editorial Ltda.
Rua Antônio Martin de Araújo, 343 • Jardim Botânico • CEP 80210-050
Tel: (41) 3264-4114 • Fax: (41) 3264-8471 • Curitiba • Paraná
Site: www.baseeditora.com.br • *E-mail*: baseeditora@baseeditora.com.br

CTP, Impressão e Acabamento

Presentación

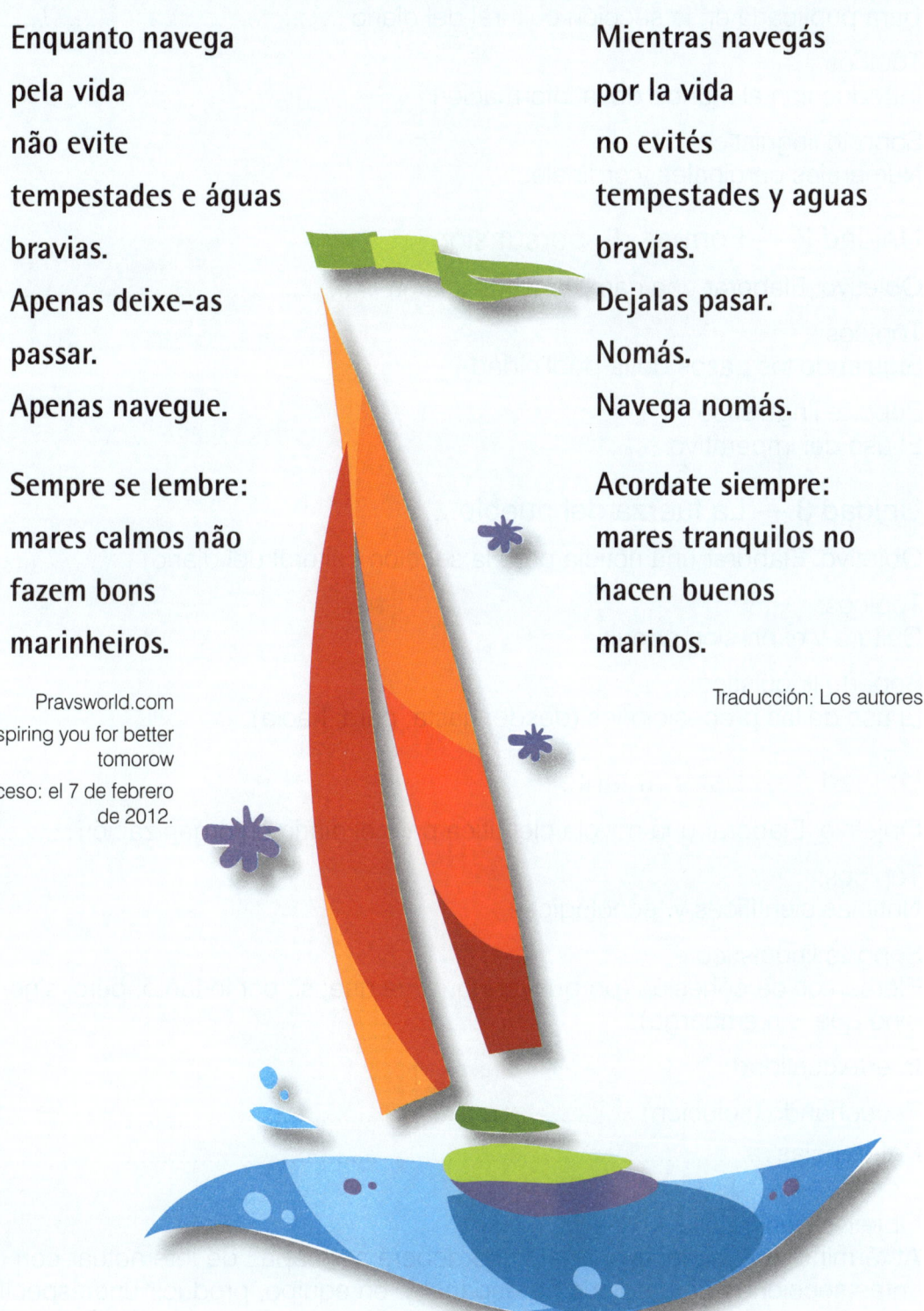

Enquanto navega
pela vida
não evite
tempestades e águas
bravias.
Apenas deixe-as
passar.
Apenas navegue.

Sempre se lembre:
mares calmos não
fazem bons
marinheiros.

Pravsworld.com
Inspiring you for better tomorow
Acceso: el 7 de febrero de 2012.

Mientras navegás
por la vida
no evités
tempestades y aguas
bravías.
Dejalas pasar.
Nomás.
Navega nomás.

Acordate siempre:
mares tranquilos no
hacen buenos
marinos.

Traducción: Los autores

Sumario

Unidad 1 — ¿Lo sabías?

Objetivo: Producir una entrevista a alguien representativo de su comunidad para publicarla en la sección cultural del diario 5

Tópicos:
Introducción al mundo de la información

Soporte lingüístico:
Numerales cardinales y ordinales

Unidad 2 — Formas de persuasión

Objetivo: Elaborar una campaña publicitaria 37

Tópicos:
Siguiendo los pasos de la publicidad

Soporte lingüístico:
El uso del imperativo

Unidad 3 — La fuerza del pueblo...

Objetivo: Elaborar una noticia para la sección cultural del diario 63

Tópicos:
Cultura y expresión popular

Soporte lingüístico:
El uso de las preposiciones (desde; hasta; para; hacia)

Unidad 4 — Estar al tanto

Objetivo: Elaborar una noticia científica para el diario en organización 91

Tópicos:
Noticias científicas y tecnológicas

Soporte lingüístico:
Elementos de cohesión (porque; aunque; ya que; si; por lo tanto; pero; sino/sino que; sin embargo)

Intertextualidad

Escuchando (solución) 126

Referencias 128

Objetivo general:
Al término del año lectivo, el alumno deberá ser capaz de interactuar con distintas secciones de un diario en español y, en equipo, producir uno específico para circular en la escuela.

¿Lo sabías?

unidad 1

Introducción al mundo de la información

Objetivo:
Producir una entrevista a alguien representativo de su comunidad para publicarla en la sección cultural del diario.

Calentando el motor

Obama juró como presidente de EE.UU.: "La esperanza le ganó al miedo"

Ante una multitud, asumió en el Capitolio como primer mandatario afroamericano de la historia. Prometió "un ojo vigilante" sobre los mercados y aseguró que los Estados Unidos están "listos para retomar el liderazgo".

<http://edant.clarin.com/diario/2009/01/20/um/m-01842775.htm> Acceso: el 10 de enero de 2012.

Barack Obama e família durante o juramento de posse.

La asunción, paso a paso
El plan de Obama para cambiar la imagen de EE.UU. y acercarse al resto del mundo.
Un "New Deal" para una nueva era en EE.UU.
La fugaz visita secreta de un asesor clave de Obama.
El grito desesperado de los latinos a Obama.
Michelle, una Primera Dama con estilo propio.
El embajador de EE.UU. en el país dijo que con Obama "se abre un nuevo capitulo y una nueva relación con América Latina".
Líderes de todo el mundo celebraron la llegada de Barack Obama a la presidencia de EE.UU.

Explorando el texto

1. ¿Qué tipo de medio de comunicación es éste?

2. ¿Cómo se llama y de dónde es este diario electrónico?

3. ¿A qué se refieren las frases que aparecen después de la foto?

4. Discutan entre todos y expliquen qué significan las siguientes expresiones en este contexto: "asunción"; "New Deal"; "el grito desesperado de los latinos a Obama". Tengan en cuenta los tips entre paréntesis:

   Asunción (del verbo "asumir"): _____

   New Deal (literalmente, "Novo Pacto"): _____

   "El grito desesperado de los latinos a Obama": _____

5. Expliquen a qué esperanza se refiere el título.

Puerta de acceso

Domingo, 14 de noviembre de 2004

Espectáculos   LANACIÓN/Sección 4/Página 7

Esta noche, a las 21, en La Revuelta

Melodías del Brasil Nordestino, en guitarra

Dissonancia debuta en Buenos Aires

Pretender abarcar un género como el de la música popular brasileña es una acción virtualmente imposible, de ahí que la llegada del guitarrista nordestino Jorge Dissonancia a Buenos Aires no deja de ser una grata sorpresa, más por las expectativas que despierta que por ser un nombre reconocido por el público porteño.

Para agendar

Jorge Dissonancia presenta su material solista.

La Revuelta, Álvarez Thomas 1368. A las 21. 4553-5530.

Con tres discos en su historia –"Bem H2O", "Caípe" y "V" -, un trabajo musical construido sobre las letras del poeta de Minas Gerais Wilmar Silva, Dissonancia se presentará esta noche, a las 21, en La Revuelta, Álvarez Thomas 1368, y el jueves, a las 21:30, en Notorious, Callao 966.

Este músico que ha hecho su carrera básicamente en Minas Gerais se ha convertido en uno de los mejor considerados por la crítica minera, que lo sitúa como un artista que combina la sensibilidad de la música nordestina con la frescura del pop.

También con la ecología

Dissonancia, músico comprometido con la causa ecológica en Brasil, presentará en sus shows en Buenos Aires un material de raíz afrobrasileña.

"Vengo a mostrar mis raíces; algo de mi Brasil y del mundo negro del que provengo. Entonces, haré la música que siento más internamente y que mejor refleja mi modo de sentir y pensar", añade Dissonancia.

Este músico posee un estilo en donde predomina el carácter introspectivo, tanto en su forma instrumental como vocal, con una forma guitarrística que lo asocia con las formas del Club de la Esquina, al que pertenece el gran guitarrista Toninho Horta.

César Pradines

LA NACIÓN, Sección 4. p. 7, 14 de noviembre de 2004.

1. En su texto, Pradines presenta otros aspectos de la personalidad de Jorge Dissonancia, que no es solo musical. ¿Cuáles son?

2. Según el texto, ¿es posible afirmar que antes de su debut en Buenos Aires Jorge Dissonancia era desconocido en la capital argentina? Justifica tu respuesta.

3. ¿En qué se nota la familiaridad del guitarrista con el mundo intelectual minero?

Explorando el texto

1. ¿Cuál es el objetivo de César Pradines al escribir este texto para la sección Espectáculos de La Nación?

2. Teniendo en cuenta la fecha del diario, ¿cuándo fue el estreno de Jorge Dissonancia en Buenos Aires?

3. ¿Dónde fue su debut en Buenos Aires?

4. ¿Qué otras informaciones constan en esta sección sobre el lugar del estreno de Jorge Dissonancia?

Interactuando con el texto

En grupos de 4 ó 5 compañeros.

1. ¿Qué tipos de informaciones buscan, o les gustaría buscar, en un diario? Discútanlo y señalen sus opciones por orden de preferencia.

   ( ) Política   ( ) Economía   ( ) Sociedad

   ( ) Deporte   ( ) Cultura   ( ) Entretenimiento

   ( ) Ciencia y Tecnología   ( ) Salud y Belleza   ( ) Clasificados

2. ¿Qué otras secciones incluirían en el listado anterior?

Escuchando

Pista 1

3. Escuchen los titulares y digan a qué sección pertenece cada uno de ellos. Luego escúchenlos nuevamente y escriban al lado de cada sección el titular correspondiente:

   ( ) Política   ( ) Ciencia y Tecnología
   ( ) Salud y Belleza   ( ) Clasificados
   ( ) Economía   ( ) Sociedad
   ( ) Deporte   ( ) Cultura
   ( ) Entretenimiento

4. Consigan un diario regional, nacional o internacional y anoten en una cartulina los siguientes datos:

   a) Nombre del diario (en destaque);

   b) Lugar de publicación;

   c) Fecha de publicación.

5. Recorten las noticias que más les interesen y armen un breve boletín de lo que pasa en su ciudad, país y/o mundo, teniendo en cuenta las siguientes orientaciones:

   a) Clasifiquen cada noticia de acuerdo con el tipo de sección;

   b) Ilustren la noticia con la foto que aparece en el diario o con dibujos/caricaturas de su propia autoría;

   c) Abran una sección de comentarios en forma de buzón (=caixinha de correio) para recibir las contribuciones;

   d) Expongan el boletín en el mural de su clase;

   e) OPCIONAL: De cada equipo, uno estará encargado de leer en voz alta la noticia que consideren como la principal.

Puerta de acceso

Sobreviven en altamar casi un mes dentro de hielera

El Departamento de Inmigración australiano abrió una investigación para determinar si la embarcación, en la que viajaban dos pescadores birmanos, se utilizaba para pesca o para el transporte de inmigrantes ilegales.

EL UNIVERSAL

SYDNEY, AUSTRALIA LUNES 19 DE ENERO DE 2009

18:22 Dos pescadores birmanos sobrevivieron durante casi un mes en altamar dentro de una nevera portátil, después de que su pequeña embarcación se hundiera en el Estrecho de Torres, entre Australia y la isla de Nueva Guinea.

Los medios australianos publicaron este lunes que los dos hombres fueron localizados el pasado sábado por un helicóptero del Departamento de emergencias del estado de Queensland, que hacía un vuelo ordinario de reconocimiento.

Estaban deshidratados y exhaustos y tras ser rescatados, bebieron unos dos litros de agua cada uno y fueron trasladados a un hospital en la Isla de Thursday, al norte del Cabo de York.

Náufragos Los pescadores birmanos, de unos 20 años, viajaban en una embarcación de madera de apenas diez metros de eslora que se hundió el 22 de diciembre.

Los pescadores birmanos, de unos 20 años, viajaban en una embarcación de madera de apenas diez metros de eslora que se hundió el 22 de diciembre, según las autoridades de Australia.

El Departamento de Inmigración australiano abrió una investigación para determinar si el pesquero estaba siendo utilizado para esa actividad o para el transporte de inmigrantes ilegales.

<http://www.eluniversal.com.mx/notas/570302.html>.
Acceso: el 13 de febrero de 2012.

1. ¿Qué hacían los dos pescadores birmanos en una nevera portátil?

2. ¿Dónde naufragó la embarcación en la que viajaban los dos chicos?

3. ¿Cuándo se hundió el pesquero y cuándo fueron rescatados los pescadores?

4. ¿Por qué el Departamento de Inmigración australiano abrió una investigación acerca de los dos birmanos?

5. Según el texto, es correcto afirmar que:

    a) Los dos pescadores no estaban deshidratados porque cada uno tenía unos dos litros de agua en la hielera.

    b) Los medios australianos estaban siguiendo la búsqueda de los dos pescadores por parte del Departamento de Emergencias de Queensland.

    c) Desde el día del naufragio, el 22 de diciembre de 2008, el Departamento de Emergencias de Queensland estaba buscando a los dos pescadores.

    d) Después de ser rescatados, a los pescadores los llevaron a un hospital en la Isla de Thursday.

    e) El helicóptero del Departamento de Emergencias de Queensland encontró por casualidad a los dos pescadores.

Explorando el texto

En parejas.

1. ¿En qué diario se publicó la noticia?

2. Expliquen de qué país es ese diario y cómo lo saben.

3. ¿Qué es la "inmigración ilegal"?

Interactuando con el texto

En parejas.

1. Busquen informaciones sobre la llegada de inmigrantes hispanoamericanos y/o africanos a los países de la Unión Europea y a los Estados Unidos y anoten los siguientes datos:

   a) País al que se dirigen:

   b) País de origen:

   c) La(s) causa(s) de la emigración:

   d) Medio de transporte usado:

   e) Condiciones y riesgos de viaje:

   f) La situación en el nuevo país:

2. Comparen oralmente sus datos con los de otros equipos y anoten los resultados en el pizarrón.

3. ¿Cuáles son los principales problemas de los inmigrantes? Organicen los datos en el pizarrón en forma de esquema.

Escuchando

Pista 2

Filme *Habana Blues*.

Propuestas de ayuda a los inmigrantes
El otro lado de la inmigración son las personas que los inmigrantes dejan para atrás. De eso se trata la película *Habana Blues*, en la que un grupo de músicos es invitado a dejar Cuba y seguir sus sueños en Europa.

Escucha la lectura de una de las canciones de la película y contesta:

Si quieres hay muchos videos sobre esta película y sus canciones en *youtube*. ¡Búscalos!

La Habana, Cuba.

1. ¿Qué es lo único que importa saber sobre estas personas?

   a. ( ) de dónde son y quiénes son;

   b. ( ) sus historias;

   c. ( ) lo que ellas representan;

   d. ( ) sus trayectorias.

2. ¿Qué desea el autor?

   a. ( ) ser reconocido;

   b. ( ) seguir una estrella;

   c. ( ) ser libre;

   d. ( ) ser feliz.

3. ¿Cómo es el camino del inmigrante?

   a. ( ) bueno;

   b. ( ) difícil pero no tanto;

   c. ( ) duro;

   d. ( ) muy duro.

4. *El mestizaje de la lengua* significa:

   a. ( ) la mezcla de la cultura de una persona con otras culturas;

   b. ( ) el mestizaje de un pueblo con otro;

   c. ( ) la incorporación de otras palabras a una lengua;

   d. ( ) la mezcla de varios pueblos representados en esta lengua.

5. *...porque el que está fijo a una estrella no se vuelve atrás...* significa:

   a. ( ) quienes están presos a una estrella no pueden volverse atrás;

   b. ( ) los que buscan sueños no miran su pasado;

   c. ( ) los que buscan sueños no miran a los demás;

   d. ( ) los que buscan una estrella no se arrepienten jamás.

Sociedad

SE VAN POR LO BARATO

El consumo de los productos piratas es una práctica común entre los jaliscienses, según lo revela una encuesta realizada por *MURAL*.

Se suele comentar que la piratería no se debe fomentar, pero los productos piratas son tan baratos que la gente los compra sin mayor remordimiento. Desde su punto de vista, ¿el consumo de productos pirata es aceptable o inaceptable?

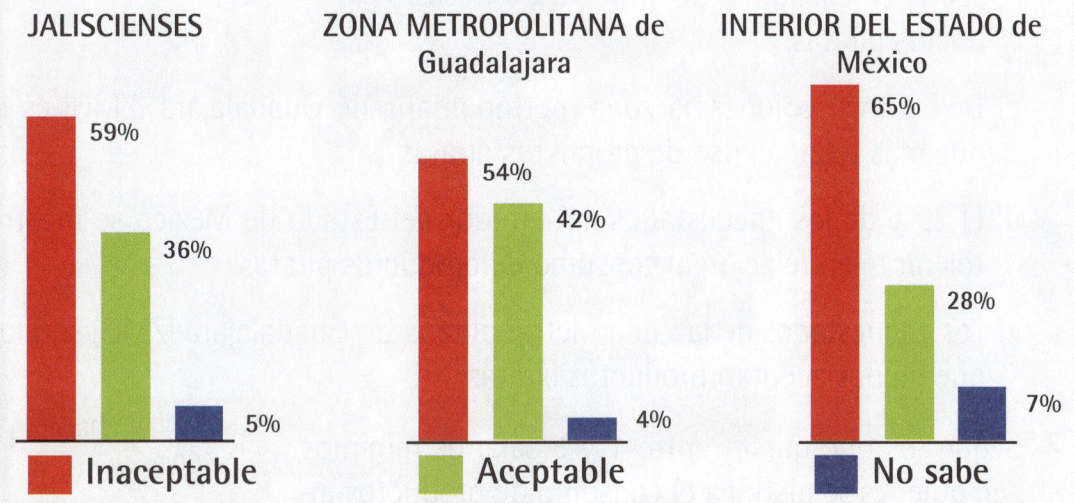

Para usted, ¿quién tiene mayor justificación para comprar un producto pirata: una persona de escasos recursos, o una adinerada?

		Los que ganan entre 1 y 5 salarios mínimos	Los que ganan más de 5 salarios mínimos
Persona de escasos recursos	82%	96%	53%
Ninguno	10%	-----	29%
Ambos por igual	5%	-----	18%
Persona adinerada	3%	4%	-----

Para no tener que comprar productos piratas en la calle, por ejemplo, un disco compacto con su música favorita, algunas personas mejor queman sus propios discos compactos en casa; así no compran productos piratas, pero tampoco gastan en el disco original. Para usted, ¿quemar un disco compacto en casa es aceptable o inaceptable?

	Jaliscienses	Los que ganan entre 1 y 5 salarios mínimos	Los que ganan más de 5 salarios mínimos
Aceptable	51%	28%	69%
Inaceptable	41%	52%	31%
No sabe	8%	20%	-----

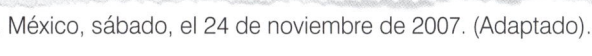

MURAL, Jalisco, México, sábado, el 24 de noviembre de 2007. (Adaptado).

1. Según las respuestas a la primera pregunta de la encuesta, es correcto afirmar:

   a) Más de la mitad de los jaliscienses encuestados opina que es inaceptable consumir productos piratas.

   b) La mayoría de los encuestados no tiene opinión alguna sobre el consumo de productos piratas.

   Se venden CDs piratas en las veredas de las grandes ciudades.

   c) De las tres regiones, la zona metropolitana de Guadalajara (ZMG) es la que más tolera el uso de productos piratas.

   d) El 28% de los encuestados del interior del Estado de México se mostró tolerante en relación al consumo de productos piratas.

   e) Los encuestados de la Zona Metropolitana de Guadalajara (ZMG) son los que menos aceptan productos piratas.

2. Según los que ganan entre 1 y 5 salarios mínimos, ¿en quiénes se justifica el consumo de productos piratas?

   Quemar: hacer copias.

   _____
   _____

3. ¿Quiénes son los que más consideran aceptable quemar un disco compacto en casa?

   _____
   _____

4. Entre los jaliscienses encuestados, ¿cuál de los dos grupos tiene una opinión clara sobre quemar un disco compacto?

   _____
   _____

5. Según los datos expuestos, ¿también los jaliscienses que ganan más de 5 salarios mínimos consumirían productos piratas? Justifica tu respuesta.

Interactuando con el texto

En grupos de 4 ó 5 compañeros.

1. Discutan si es aceptable hacer copias de discos compactos (CDs) en casa, anotando las razones contrarias y/o las favorables. Justifiquen sus respuestas.

2. Comparen las respuestas de todos los grupos y averigüen si la mayoría es favorable o no a quemar discos compactos en casa.

3. ¿Cómo justifican la posición adoptada? Anoten la justificativa aprobada por la mayoría.

4. ¿Qué otros productos se comercializan de manera irregular?

Punto de apoyo

1	Uno/a	Primero/a *
2	Dos	Segundo/a
3	Tres	Tercero/a*
4	Cuatro	Cuarto/a
5	Cinco	Quinto/a
6	Seis	Sexto/a
7	Siete	Séptimo/a
8	Ocho	Octavo/a
9	Nueve	Noveno/a
10	Diez	Décimo/a
20	Veinte	Vigésimo
21	Veintiuno/a*	Vigésimo primero
30	Treinta	Trigésimo
31	Treinta y uno	Trigésimo primero
100	Cien	Centésimo
1 000	Mil	Milésimo
1 000 000	Millón	Millonésimo
1 000 000 000	Mil millones	Mil millonésimo

* a) PRIMERO y TERCERO (masc., sing.) se apocopan (PRIMER/TERCER) ante un sustantivo.
P. ej.: Mi primer libro era barato. El tercer chico de la izquierda es Juan.
* b) VEINTIUNO (masc.) se apocopa (VEINTIÚN) ante un sustantivo.
P. ej.: Hay veintiún alumnos sin el disco compacto solicitado.

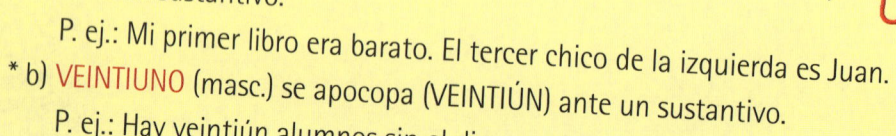

a) El artículo definido **EL** precede la mención del porcentaje.
P. ej.: El 4% de los ricos opina que es legítimo usar productos piratas.
b) Otros términos relacionados con la cantidad: el doble, el triple, el múltiple, la mitad.
P. ej.: Casi la mitad de la población usa discos compactos quemados en casa.

Pista 3

1. Escucha el audio sobre el **Día de los Trabajadores** dos veces y completa los huecos con los números mencionados.

1.º de mayo

En _____ se fijó el _____ de mayo como día para manifestaciones de protesta de los obreros y en _____ se transformó en día de fiesta para los trabajadores.

Fiesta del dia del trabajador en la Avenida Paulista, San Pablo 1.º de mayo de 2006.

Origen

El 1º de mayo de _____, más de _____ obreros de Chicago (EE.UU.) se habían declarado en huelga de protesta contra el despido de _____ trabajadores de la fábrica McCormick. _____ días después realizaron una manifestación bajo lluvia torrencial. Fue reprimida y quedaron como saldo _____ obreros muertos.

Manifestación en Haymarket, el 4 de mayo de 1886, Chicago, EE.UU.; el grabado de T. de Thulstrup muestra una bomba explotando en medio de los huelguistas.

Al día siguiente, pese a que seguía lloviendo, se realizó otra manifestación que fue acallada por policías que fusilaron a _____ trabajadores. En medio de la refriega estalló una bomba, sin que se supiera de dónde provenía. Se acusó a _____ dirigentes, a quienes se condenó a la horca.

El Escolar, suplemento de El País. Buenos Aires, n.1390, 30 de abril de 2003.

2. Elige un mes del año y anota cuáles son sus fechas importantes.

3. Presenta oralmente tu calendario a la clase y complétalo con las contribuciones de los demás compañeros.

ENERO 2014						
D	S	T	Q	Q	S	S
			1	2	3	4
5	6	7	8	9	10	11
12	13	14	15	16	17	18
19	20	21	22	23	24	25
26	27	28	29	30	31	

FEBRERO 2014						
D	S	T	Q	Q	S	S
						1
2	3	4	5	6	7	8
9	10	11	12	13	14	15
16	17	18	19	20	21	22
23	24	25	26	27	28	

MARZO 2014						
D	S	T	Q	Q	S	S
						1
2	3	4	5	6	7	8
9	10	11	12	13	14	15
16	17	18	19	20	21	22
23	24	25	26	27	28	29
30	31					

ABRIL 2014						
D	S	T	Q	Q	S	S
		1	2	3	4	5
6	7	8	9	10	11	12
13	14	15	16	17	18	19
20	21	22	23	24	25	26
27	28	29	30			

MAYO 2014						
D	S	T	Q	Q	S	S
				1	2	3
4	5	6	7	8	9	10
11	12	13	14	15	16	17
18	19	20	21	22	23	24
25	26	27	28	29	30	31

JUNIO 2014						
D	S	T	Q	Q	S	S
1	2	3	4	5	6	7
8	9	10	11	12	13	14
15	16	17	18	19	20	21
22	23	24	25	26	27	28
29	30					

JULIO 2014						
D	S	T	Q	Q	S	S
		1	2	3	4	5
6	7	8	9	10	11	12
13	14	15	16	17	18	19
20	21	22	23	24	25	26
27	28	29	30	31		

AGOSTO 2014						
D	S	T	Q	Q	S	S
					1	2
3	4	5	6	7	8	9
10	11	12	13	14	15	16
17	18	19	20	21	22	23
24	25	26	27	28	29	30
31						

SEPTIEMBRE 2014						
D	S	T	Q	Q	S	S
	1	2	3	4	5	6
7	8	9	10	11	12	13
14	15	16	17	18	19	20
21	22	23	24	25	26	27
28	29	30				

OCTUBRE 2014						
D	S	T	Q	Q	S	S
			1	2	3	4
5	6	7	8	9	10	11
12	13	14	15	16	17	18
19	20	21	22	23	24	25
26	27	28	29	30	31	

NOVIEMBRE 2014						
D	S	T	Q	Q	S	S
						1
2	3	4	5	6	7	8
9	10	11	12	13	14	15
16	17	18	19	20	21	22
23	24	25	26	27	28	29
30						

DICIEMBRE 2014						
D	S	T	Q	Q	S	S
	1	2	3	4	5	6
7	8	9	10	11	12	13
14	15	16	17	18	19	20
21	22	23	24	25	26	27
28	29	30	31			

Cultura

¿Qué te parece este chico?

Para obtener los datos sobre el consumo de productos piratas, fue necesario entrevistar a miles de personas, o sea, se hizo una encuesta. Pero, también se puede entrevistar a un determinado individuo, como un(a) actor/actriz, un(a) deportista, un(a) científico, etc. Es el caso de Carlos Baute, cantante venezolano.

Estaba metido de lleno en la promoción de su disco y, sin embargo, Carlos Baute hizo un hueco en su apretadísima agenda para charlar con Muy JUNIOR. Entre risas y canciones, nos contó qué hay de nuevo en este álbum y algunos detalles de la gira que ya está preparando.

Tapa del CD de Carlos Baute "De mi puño y letra".

Pista 4

Completa la entrevista escribiendo las preguntas que creas que le hace la entrevistadora a Baute y que correspondan a cada una de las respuestas dadas por él. Luego, escucha la pregunta que le hizo la entrevistadora y cópiala en la línea que sigue.

Mi pregunta:

_____

a) Pregunta de la entrevistadora:

_____

Esta frase me dio una patadita en el corazón y dije, "me gusta". Lo eligió una de mis bailarinas, que estaba embarazada. Sale de una canción que me encanta, Colgando de tus manos, que dice: "Te envío poemas de mi puño y letra, te envío canciones..." (cantando)

Mi pregunta:

_____

b) Pregunta de la entrevistadora:

_____

¡Claro! Me viene como anillo al dedo. Siempre he escrito, sólo que la gente no lo sabe. "Mi medicina", "Dame de eso"...son canciones mías.

Mi pregunta:

_____

c) Pregunta de la entrevistadora:

_____

Sale de mil maneras. El sencillo que abre el disco fue una frase que escribí en un avión y no se en dónde la escuché o la leí. Pero hay canciones que yo digo que me dictan desde arriba. Agarro la guitarra y me empiezan a salir letras, sin pensarlas. Un día estaba escribiendo "No me abandones, amiga mía" y me salieron las melodías de "Te extraño" y "Dónde está el amor que no duele". ¡Y las tres están en el disco!

Mi pregunta:

_____

d) Pregunta de la entrevistadora:

_____

Todas las canciones son espejo de mi alma, pero no todo es autobiográfico de ahorita. Compongo desde la felicidad, pero también hay canciones tristes. Por ejemplo, en "Tú no sabes qué tanto ella me deja" y "Yo estoy felizmente enamorado". Es una historia que me sucedió hace años.

Mi pregunta:

_____

e) Pregunta de la entrevistadora:

_____

Sí, hay una que se llama "Mariana, no quieras ser mojigata" que trata sobre un gran problema social: la mujer maltratada. Y luego, "Dónde está el amor que no duele" es una canción ambigua, que puedes dedicar a tu hijo, a tu pareja, a tu hermana, a tu ex novio... pero que, en realidad, habla de cosas que desgraciadamente se viven a diario en un país tercermundista: la violencia, la inseguridad...

Por Cristina Talavera

Texto retirado de: <http://www.muyjunior.es/index.php?option=com_content&task=view&id=421&Itemid=28>

1. ¿Qué datos personales de Carlos Baute se revelan en la entrevista?

_____

2. ¿Cómo ve el cantante el hecho de que en su disco *De mi puño y letra* las canciones las haya compuesto él mismo?

_____

3. ¿Cuál es el tema social que explota Baute en sus canciones?

_____

Explorando el texto

1. ¿Quién entrevistó a Carlos Baute? ¿Para qué medio de comunicación lo hizo?

_____

_____

2. En grupos de 2 ó 3 compañeros, averigüen la diferencia de matiz entre las expresiones: país tercermundista, país en desarrollo y país emergente.

_____

_____

_____

3. En grupos de 3 ó 4 compañeros, visiten el sitio oficial de Carlos Baute, www.carlosbaute.com/, y busquen la letra de la canción que más les guste. Péguenla a continuación y destaquen su tema.

___

Produciendo un texto propio

En parejas.

1. ¿A quién quieren entrevistar?

___

2. ¿Por qué lo(la) van a entrevistar?

3. ¿Cuáles son los temas que les interesa discutir con el(la) entrevistado(a)?

4. Organicen las preguntas en portugués o en español.

5. Graben la entrevista o anoten las respuestas.
6. Saquen una foto de la entrevista como las que se encuentran al final de esta página.
7. Basándose en las respuestas, escriban en su cuaderno un pequeño texto sobre la persona entrevistada, teniendo en cuenta los puntos 2 y 3 (anteriores), y elijan un título atractivo.
8. Con ayuda de su profesor(a), revisen el texto antes de copiarlo. Peguen la foto en un lugar estratégico.
9. Lean en voz alta el texto final o la entrevista, turnándose entre los(las) dos.

Puerta de acceso

> (En Español): Significa que la película o bién está doblada al español, o bien está subtitulada en español.

ENTRETENIMIENTO

CARTELERA CINES/PELICULAS

HARRY POTTER Y EL CÁLIZ DE FUEGO*

Cuarta aventura cinematográfica del niño mago, ahora en realidad adolescente. *Inglaterra. Director, Mike Newel. Con Daniel Radclife, Michael Gambon. (Apta).*

Ópera. 18 de Julio 1710. Teléfono 4031415. (En español). A las 16:15, 19.

LAS LOCURAS DE DICK Y JANE**

Ejecutivo sin empleo y su esposa se convierten en asaltantes. Comedia con puntas satíricas. *Estados Unidos. Director, Dean Parisot. Con Jim Carrey, Tea Leoni. (No 9).*

Grupocine Ejido. Ejido 1377. Tel 9014242. A las 20:15, 22:15.

El País, Montevideo, jueves 16 de febrero de 2006.

En parejas.

1. Según la cartelera anterior, es correcto afirmar:

   a) La película *Harry Potter y el cáliz de fuego* se produjo en Estados Unidos.

   b) La película *Harry Potter y el cáliz de fuego* la presentaron en el Cine Ópera en dos horarios.

   c) La película *Las locuras de Dick y Jane* no era una simple comedia, sino que contenía algunos puntos satíricos.

   d) A diferencia de la película *Harry Potter y el cáliz de fuego*, *Las locuras de Dick y Jane* no estaba liberada para todas las edades.

   e) La película *Harry Potter y el cáliz de fuego*, que fue presentada en Montevideo, no era la original, sino una adaptación hecha en español.

2. Lean el comentario siguiente sobre la película chilena *Machuca* y respondan las preguntas.

Tapa de la película "Machuca" de Andrés Wood.

CHILENO EN CINEMATECA

Una amistad en tiempos de dictadura

■ Va desde hoy en Cinemateca 18, en el marco del proyecto Viva la Diferencia, el film chileno Machuca, dirigido por Andrés Wood.

La acción arranca en Chile en 1973. Gonzalo Infante (Matías Quer) y Pedro Machuca (Ariel Mateluna) son dos niños de once años que viven en Santiago, el primero en un barrio acomodado y el segundo en un humilde poblado ilegal recientemente instalado a pocas manzanas de distancia. Dos mundos separados por una gran muralla invisible que algunos, en su afán por hacer realidad los sueños de una época llena de esperanzas revolucionarias, quieren derribar. Uno de esos soñadores, el director de un colegio religioso privado, el padre McEnroe (Ernesto Malbrán), con el apoyo de parte de los padres, integra en el elitista colegio a chicos de familias de escasos recursos procedentes del poblado, con la firme decisión de que aprendan a respetarse mutuamente. Es así como Pedro Machuca está en la misma clase de Gonzalo Infante y entre ellos nace una amistad llena de descubrimientos y sorpresas. Pero a las dificultades objetivas de este intento de integración se agregan las que se derivan del clima de enfrentamiento social que vive la sociedad chilena.

[...]

Se ha señalado [...] el parejo rendimiento de un elenco competente, empezando por los jóvenes actores Quer y Mateluna, quienes se meten de lleno en sus personajes y transmiten la dulzura e inocencia propias de su edad y de la época.

> Aquí, la dictadura se refiere a la de Augusto Pinochet.

El País, Montevideo, jueves 16 de febrero de 2006.

3. Según el texto, es correcto afirmar:

   a) La película ignora las diferencias entre la clase adinerada y la pobre en tiempos de dictadura en Chile.

   b) La película se titula *Machuca* porque es una historia muy triste y provoca llanto.

   c) Se trata de una historia de dos chicos que no se entienden por problemas económicos.

   d) Es la historia de amistad entre dos chicos que se desarrolla en un escenario político y social conflictivo.

   e) El protagonista de la película es el padre McEnroe que integra a los pobres en un colegio elitista.

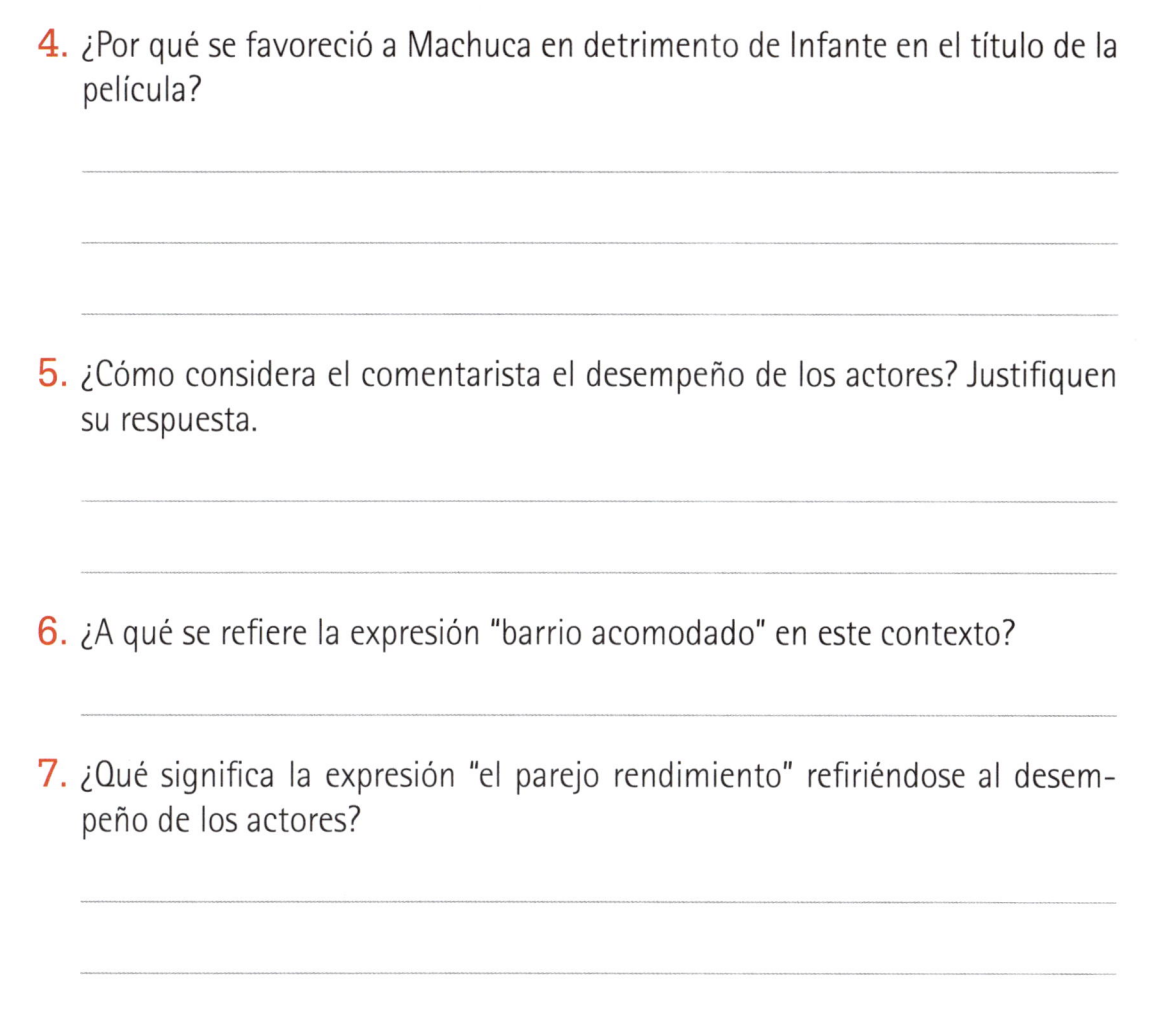

4. ¿Por qué se favoreció a Machuca en detrimento de Infante en el título de la película?

5. ¿Cómo considera el comentarista el desempeño de los actores? Justifiquen su respuesta.

6. ¿A qué se refiere la expresión "barrio acomodado" en este contexto?

7. ¿Qué significa la expresión "el parejo rendimiento" refiriéndose al desempeño de los actores?

Interactuando con el texto

En equipos de 3 ó 4 compañeros.

1. Busquen datos sobre la dictadura chilena y anótenlos a seguir:

a) Inicio y fin:

____

Horacio Villalobos/Corbis/Latinstock

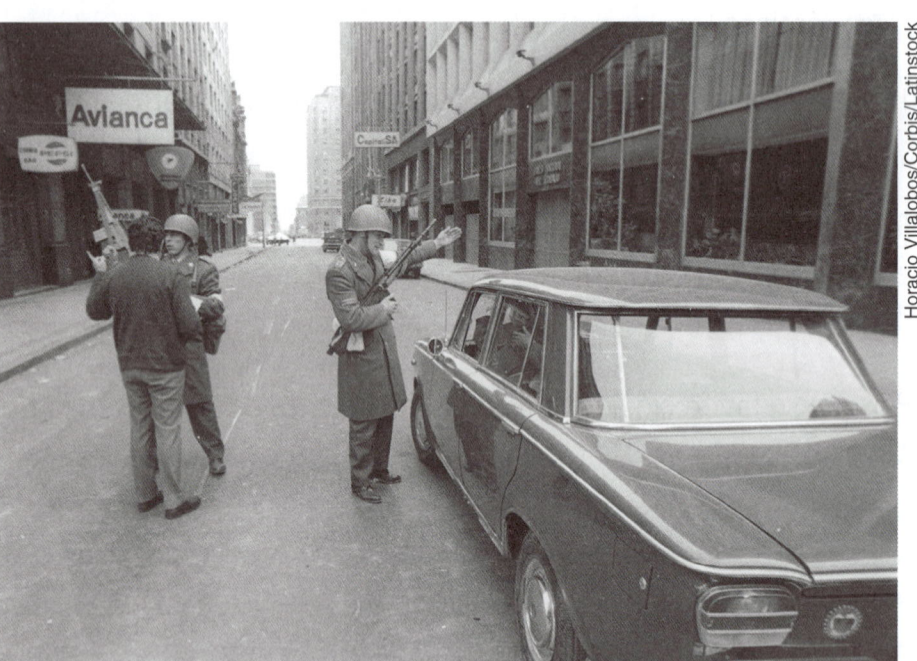

Las calles estaban casi desiertas y bajo el control militar de la dictadura del General Augusto Pinochet. Proximidades de La Moneda, Santiago de Chile, 1973.

b) Quién gobernaba el país en 1973 cuando dieron el golpe de Estado:

____

c) Quién asumió el comando de la nación tras el golpe:

____

d) Los hechos políticos, económicos y culturales más importantes durante el período de la dictadura:

____

____

____

2. Busquen datos sobre la dictadura militar brasileña y anótenlos a continuación:

a) Inicio y fin:

_____
_____

Funeral do operário Santo Dias, e manifestação contra a ditadura, São Paulo, 30 de outubro de 1979.

b) Quién gobernaba el país en 1964 cuando dieron el golpe de Estado:

_____
_____

c) Quién asumió el comando de la nación tras el golpe:

_____
_____

d) Los hechos políticos, económicos y culturales más importantes durante el período de la dictadura:

_____
_____
_____

> Organicen un cuadro comparativo entre el caso chileno y el brasileño.
> Presenten los resultados en clase y completen los datos que falten.

Punto de apoyo

¿Cómo se organiza el comentario de una película para un diario?

1. Estructura

1.1. Introducción:

Datos: título, director, actores principales, lugar y horario de exhibición.

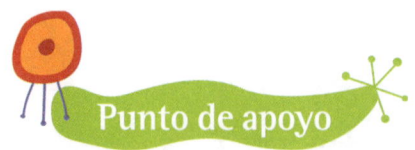

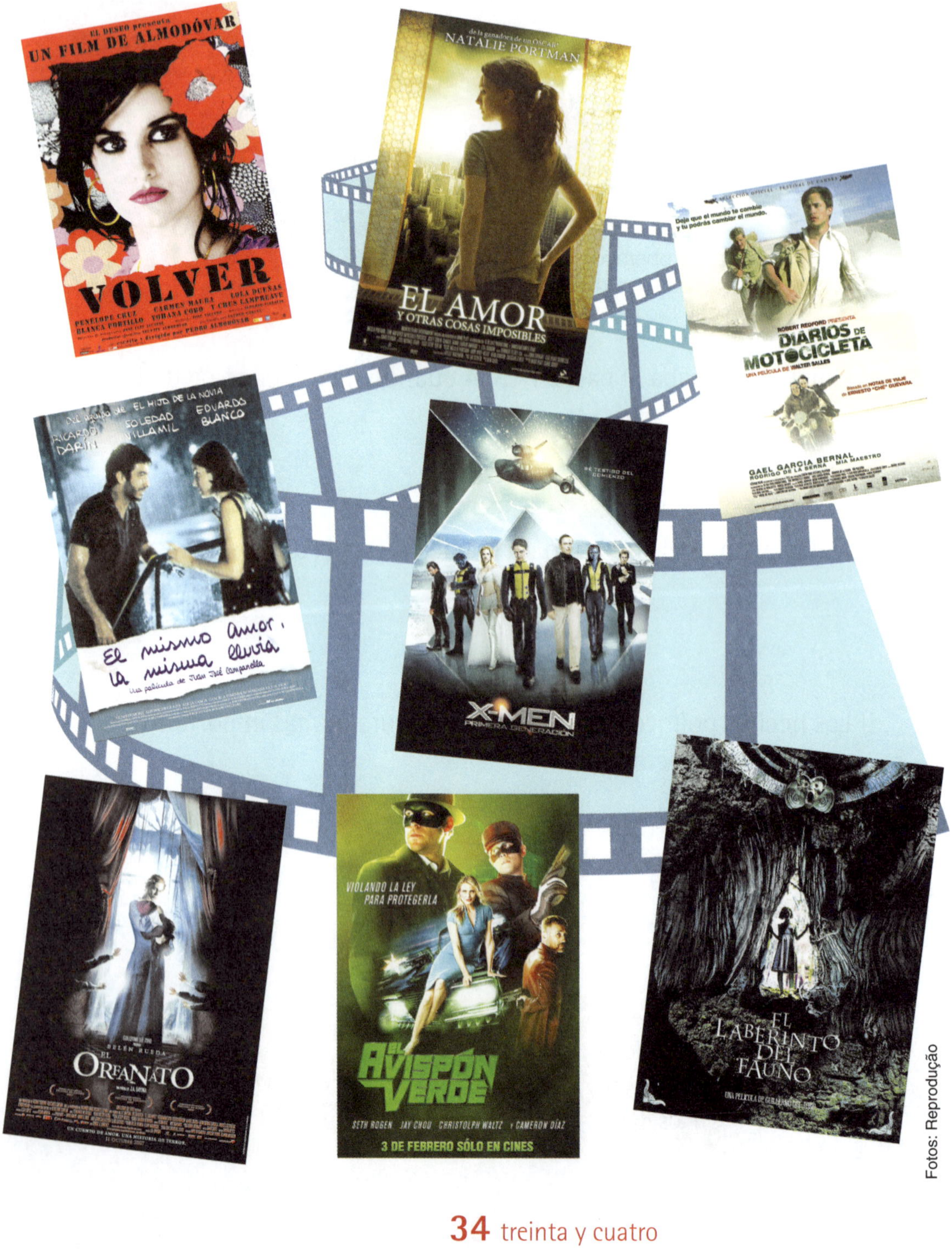

Fotos: Reprodução

1.2. Desarrollo:
   Trama resumida: de qué trata la historia.

1.3. Conclusión:
   Apreciación sobre la película, el desempeño de los actores, la dirección, la música, las imágenes.

> Es importante escoger un buen título que llame la atención y despierte la curiosidad. Aténganse al tema de la película.

Produciendo un texto propio

En parejas.

1. Vean una película que les guste o la que les indique su profesor(a).
2. Busquen datos sobre la película y anótenlos.
3. Escriban la primera versión del comentario sobre la película, siguiendo las orientaciones dadas en **Punto de apoyo**.
4. Elíjanle un título atractivo.
5. Con ayuda de su profesor(a), revisen todo el texto, hagan las alteraciones necesarias y pásenlo en limpio a continuación.

> Resulta interesante incluir alguna foto del protagonista o un fotograma de la película.

¿Lo sabías?

Historias reales, historias imaginarias

Hay historias reales que parecen inventadas e historias inventadas que podrían ser verdaderas. Entre las historias que siguen hay una falsa. *"¿Podés" decir cuál es? Y además, en la historia inventada hay un dato erróneo que *"tenés" que descubrir.

> * "Podés" y "tenés" son variantes de "puedes" y "tienes". Se trata de "voseo", que deriva de la 2.ª persona del plural, sin la – i –. El voseo se usa en un contexto informal en varias regiones hispanoamericanas.

Todavía a principios del siglo XX no existían métodos absolutamente seguros para determinar si una persona estaba realmente muerta. Como algunas enfermedades podían provocar un estado parecido a la muerte, en muchas tumbas se colocaba un timbre para que el enterrado lo tocara, si llegaba a despertarse. También se ubicaron timbres en algunas tumbas del cementerio de La Recoleta.

Pocos días después del trágico choque del transatlántico Titanic contra un iceberg, otro barco se hundió por la misma causa, casi en el mismo lugar. El buque Albania se quebró en dos al chocar contra un iceberg en pleno día, a pesar de que la mayor parte de la masa de hielo que lo formaba era visible a varios kilómetros de distancia. Por suerte, los pasajeros fueron rescatados.

SOLUCIÓN: Falso: El otro Titanic. El iceberg es la punta de una masa de hielo; luego, sólo es visible una pequeña parte.

VIVA, revista de Clarín, 10 de junio de 2001.

¿Lo sabías? ¡Estás superinformado(a)!
¡Chao! Hasta la próxima unidad.

Formas de persuasión

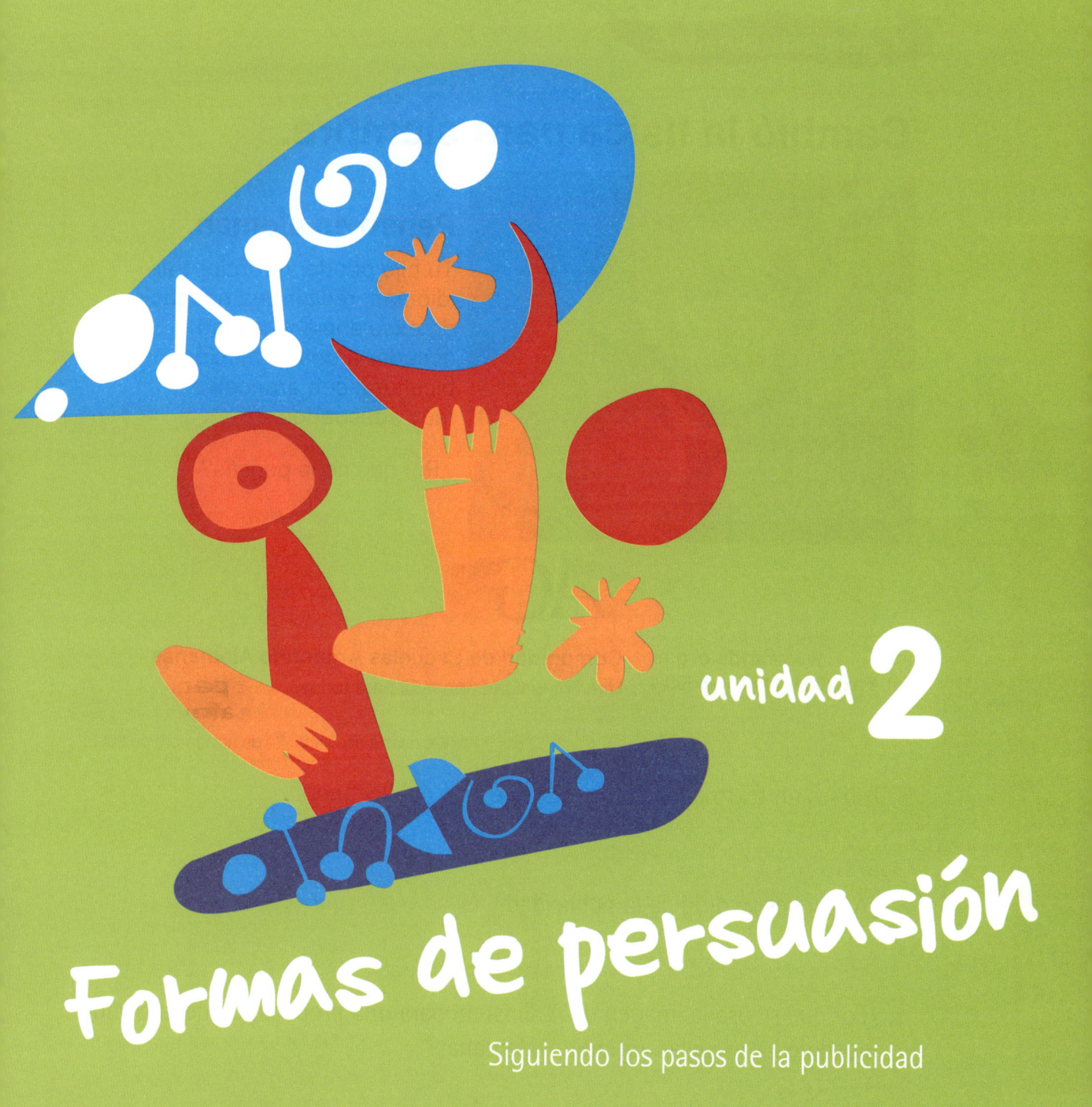

unidad **2**

Siguiendo los pasos de la publicidad

Objetivo:
Elaborar una campaña publicitaria.

Calentando el motor

Cambió la física para siempre.

Pensó en alemán.

Tu hijo puede aprender tres idiomas, recibir una educación de excelencia y calidad y acceder a una formación bicultural con aranceles muy adecuados...

¿Por qué no lo pensás?

AG

www.agds.org.ar   **Comunidad de Escuelas Argentino Alemanas**
Tel. Fax: (05411) 4580-8600/4   Una comunidad pensada para todos.

VIVA, revista de Clarín, 24 de noviembre de 2002.

1. Este es un texto publicitario. ¿Qué se está publicitando?

2. ¿A quiénes va dirigida la publicidad?

3. ¿Por qué se usa la imagen de A. Einstein para una propaganda de la comunidad de las escuelas argentino-alemanas?

4. Discutan cuál de las dos formas es más persuasiva: "¿Por qué no lo pensás?" o "Pensalo".

Puerta de acceso

¿Sabes qué es el marketing?

El término *marketing* es un anglicismo que tiene diversas definiciones. Según Philip Kotler (considerado por algunos padre del marketing) es «el proceso social y administrativo por el que los grupos e individuos satisfacen sus necesidades al crear e intercambiar bienes y servicios». También se le ha definido como el arte o ciencia de satisfacer las necesidades de los clientes y obtener ganancias al mismo tiempo.

Fonte: <http://es.wikipedia.org/wiki/Marketing>.

Escuchando

Pista 5

Escucha este artículo de Muy Interesante y completa:

En la actualidad, los _____ pueden ser tanto objetos de diseño como elementos _____ en gran escala y a precios accesibles. Y también los hay para distintos _____, por ejemplo, para _____, para parejas (más anchos y con dos _____), que se sujetan al _____ o a la cabeza y de elegante y _____ diseño. El desarrollado por Senz umbrellas, por ejemplo, es capaz de resistir _____ de hasta 100 kilómetros por hora.

Muy Interesante. Argentina, año 25, n. 293, marzo 2010.

1. Expliquen la doble finalidad del paraguas: "objetos de diseño" y "elementos producidos en gran escala y a precios accesibles".

2. Lean el siguiente texto, prestando atención a la evolución del parasol, usado como signo de dignidad real por el rey asirio Salmanasar III (841 a.C.), hasta convertirse en paraguas, tal como se lo conoce hoy.

Para que el agua no moje

Se estima que los chinos fueron los primeros en hacer impermeables a los parasoles – mediante un tratamiento realizado a la seda con barnices y ceras – y, por lo tanto, se los considera inventores del paraguas. Este objeto se extendió por Europa en el siglo XVI, primero por Italia y luego por Francia y España. Poco después, se estableció claramente la diferencia entre paraguas y parasoles: para éstos se reservaban las sedas más finas, mientras que los primeros eran de madera y se cubrían con piel o lona engrasada. Pesaban cerca de un kilo y medio. En 1710, un fabricante de bolsos de París, Jean Marius, creó el primer modelo plegable, liviano y pequeño, y con una estructura metálica similar a las actuales. Sin embargo, no resultaba barato.

El gran adelanto vendría de América: en el s. XVI, los exploradores europeos observaron que los nativos americanos recubrían sus prendas con una resina blanca procedente del árbol del caucho (Hevea brasiliensis) y así las impermeabilizaban. El químico escocés Charles Macintosh (1766-1843) logró disolver el caucho y desarrollar un nuevo tipo de tela tratada con él para ser resistente al agua. Así, la lluvia dejó de ser sinónimo de reclusión en casa y el paraguas se convirtió en objeto de moda y elegancia, semejante al bastón.

En el siglo XX, el algodón, el nailon y el plástico reemplazaron a la seda y empezaron a fabricarse monturas de aluminio y fibra de vidrio. El paraguas extensible, la mayor innovación en este campo en el siglo pasado, se atribuye al berlinés Hans Haupt, que lo lanzó en 1928.

Muy Interesante. Argentina, año 25, nº 293, marzo 2010.

2.1. Según el texto, es correcto afirmar que:

a) Hoy se niega que hayan sido los chinos quienes hicieron impermeables los parasoles.

b) Los primeros parasoles eran hechos con seda barnizada y encerada.

c) Del Oriente el paraguas fue llevado al Occidente donde se extendió en el s. XVI.

d) Desde el inicio el paraguas tenía una estructura metálica parecida a las actuales.

e) Los nativos americanos fueron los que les dieron a los europeos la idea de impermeabilizar la tela para el paraguas.

f) Desde el siglo XVIII ya se fabricaba el modelo plegable.

2.2. En el siglo XVI, ¿en qué se distinguía un parasol de un paraguas?

Explorando el texto

1. ¿Qué significa el término "marketing"?

2. En general, los textos publicitarios son sintéticos, destacando las cualidades del producto, a las que se refuerza con fotos. ¿Cómo se construyó la publicidad de los paraguas en Muy Interesante?

Interactuando con el texto

En parejas.

1. Basándose en la frase del escritor español, Ramón Gómez de la Serna (1888-1963), elaboren una definición de paraguas.

   > "Los paraguas son viudos que están de luto por las sombrillas desaparecidas"

   _____
   _____

2. Busquen y anoten a continuación alguna curiosidad referente al paraguas. Por ejemplo:

   a) 8 es el número estándar de varillas de los paraguas, pero existen modelos con 4, 6, 10, 16 y hasta 24. A mayor número de varillas, mayor resistencia al viento, pero más peso.

   b) _____

3. Organicen el grupo en 4 grandes equipos: amarillo, verde, rojo y azul.

3.1. El equipo amarillo debe buscar el video Mary Poppins, de Walt Disney y elaborar un resumen del argumento.

3.2. El equipo verde, el video Cantando bajo la lluvia, con Gene Kelly, tiene que elaborar un resumen de la trama y ver el baile del protagonista (al final de la película) con su paraguas bajo la lluvia.

Descargar el video y verlo.

Cantando na chuva.

Mary Poppins.

Fotos: Reprodução

3.3. El equipo rojo debe buscar el cuadro Los paraguas, de Pierre-Auguste Renoir (pintor francés, siglo XIX).

RENOIR, Pierre-Auguste. **Los paraguas**. 1881-86. Óleo sobre tela, 180 cm x 114 cm. National Gallery, Londres (Inglaterra).

3.4. El equipo azul debe averiguar si hay alguien en su comunidad que fabrica, repara y vende paraguas, y entrevistarlo para conocer:

a) Nombre:

b) Edad:

Opción: buscar un poema que trate del paraguas o de la lluvia.

c) Historia de su profesión (desde cuándo trabaja con paraguas):

d) Opinión sobre la importancia de su profesión.

O vendedor de guarda-chuvas

"Boa chuva!", deseja **Aldo Grecco** aos que, minutos depois de entrar com roupas molhadas, saem prontos para enfrentar a tempestade. Integrante da terceira geração de uma família de fabricantes de guarda-chuvas, Aldo administra a loja que, aberta em 1971, é a mais antiga do gênero em São Paulo. "Antes, o guarda-chuva fazia parte do vestuário", conta. "As pessoas procuravam qualidade. Hoje, querem algo pequeno e barato." Apesar da invasão dos produtos chineses e do sumiço da garoa paulistana, Aldo não tem queixas a fazer. "Em São Paulo, o que você faz você vende", garante. Um dos milhões de descendentes de italianos que vivem na cidade, ele avisa que não pretende suspender a fabricação de peças que custam mais de 300 reais. "Isso, sim, é guarda-chuva de verdade."

<http://www.veja.abril.com.br/blog/augusto-nunes/historia-em-imagens/cinco-tipos-paulistanos/>.

Sugerencia: <www.veja.abril.com.br/multimidia/video/o-vendedor-de-guarda-chuvas>.

1. Lean la historia sobre Aldo Grecco y contesten las preguntas.

   a) ¿Por qué el sr. Grecco desea una buena lluvia?

   b) Según el sr. Grecco, ¿por qué hay gente que paga hasta 300 reales por un paraguas?

   c) ¿Por qué el sr. Grecco no teme la competitividad con los objetos chinos?

Santa Clara

Santa Clara clareou, ô, ô, ô

São Domingos alumiou, ô, ô, ô

Vai chuva, vem sol

Vai chuva, vem sol

Sol e chuva casamento de viúva

Chuva e sol casamento de Espanhol

Vai chuva, vem sol

Vai chuva, vem sol

Domínio Público

Entren en algunas de estas direcciones de youtube y canten la canción de "Que llueva que llueva":

<www.youtube.com/watch?v=UcDkraF41AA7>. ago. 2008 – 2 min – Vídeo enviado por JJOSUEVIDEO
JOSUE BUTRON TE REGALA ESTA CANCION (2)
<www.youtube.com/watch?v=4j4lbpMC4eg>. 28 out. 2009 – 2 min – Vídeo enviado por kaliman173
Esta cancion es cantada por Maruca Hernandez en su disco "Caracol" es una version corta espero que les...

Produciendo un texto propio

Equipos amarillo, verde, rojo y azul:

1. Cada equipo debe organizar el material recogido en forma de panel, incluyendo títulos significativos.

2. Cada equipo debe completar su panel con fotos, ilustraciones y datos informativos.

3. Cada equipo debe exponerlo en el mural de la clase o de la escuela.

Puerta de acceso

VIVA, la revista de Clarín, 2 de septiembre de 2001.

1. ¿Qué prenda llevan en común los que aparecen en la foto anterior?

   _____

   _____

2. ¿A quién recuerda el uso de esta prenda?

   _____

> **La Madre Teresa de Calcuta** fue una religiosa que se dedicó a ayudar a todos los pobres y abandonados. Su foco de acción estaba en la ciudad de Calcuta, India, donde sus seguidoras continúan el trabajo social y religioso iniciado por ella.

3. ¿Cuál es la relación entre la Madre Teresa de Calcuta y la frase: No hace falta convertirnos en la Madre Teresa de Calcuta para darle una mano a quién la necesita?

4. ¿Qué se entiende por "Acción para el bien público"?

Explorando el texto

En parejas.

1. ¿A quiénes va dirigida esta campaña social?

2. Justifiquen su respuesta.

3. ¿Por qué se publicó esta campaña al inicio de septiembre?

4. Esta es una publicidad sin fines de lucro. Se trata de una campaña publicitaria, o sea, no vende ningún producto ni servicio. ¿Cómo está construido este texto publicitario?

_____

_____

5. ¿Produce efecto una campaña publicitaria que se centra en una gran imagen y pocas palabras? ¿Por qué?

_____

_____

6. ¿Qué informaciones adicionales aparecen en esta campaña publicitaria?

_____

_____

Interactuando con el texto

En parejas.

1. Elaboren una alternativa de texto para la campaña de solidaridad anterior.

_____

_____

2. En Brasil también hubo una religiosa que se dedicó a los pobres: la hermana Dulce, de Bahia. Busquen sus datos y seleccionen sus actividades más importantes. Anótenlas a seguir e incluyan su foto.

_____

_____

3. Averigüen qué tipos de acciones sociales son necesarias en su región y anótenlas a continuación.

Escuchando

Pista 6

No siempre la propaganda enfoca directamente el producto, sino las emociones y deseos del consumidor. A eso le llaman *marketing* emocional. Escucha el audio y contesta las preguntas.

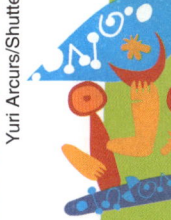

1. ¿Cómo interfiere el estado emocional en el consumo?

2. ¿En qué situaciones se usa más el *marketing* emocional?

3. ¿Con qué tipo de situación el audio ejemplifica el *marketing* emocional? ¿Por qué?

4. Comenten algunas de las propagandas de la actualidad que pratican el *marketing* emocional. Justifiquen y discutan cuáles son las emociones relacionadas al producto, el porqué de este uso y las estrategias utilizadas para producir este efecto.

Puerta de acceso

No lea este aviso, entónelo!

Me importas Tuy y Tuy, y Tuy, y solamente Tuy...

¿A quién no se le ocurre cantar cuando se siente en forma?
Porque sentirte bien te ayuda a vivir con alegría.

Texto parcial. VIVA, revista de Clarín, 25 de mayo de 2001.

1. Según el texto, ¿por qué se recomienda que no se lea, sino que se lo entone?

   _____
   _____
   _____

2. Según el texto, ¿a qué recuerda la frase "Me importas Tuy/ y Tuy, y Tuy,/ y solamente Tuy...", una relación indicada por la recomendación de entonarla?

   _____
   _____
   _____

Interactuando con el texto

1. Se llama *Intertextualidad* cuando dos, o más, textos "charlan" entre sí, o sea, cuando hay ecos o referencias de un texto en el otro.

2. Para ilustrar la práctica de la intertextualidad, Alfredina Nery retoma la canción *Bom Conselho* de Chico Buarque.

Bom Conselho

Ouça um bom conselho
Que eu lhe dou de graça
Inútil dormir que a dor não passa
Espere sentado
Ou você se cansa
Está provado, quem espera nunca alcança
Venha, meu amigo
Deixe esse regaço
Brinque com meu fogo
Venha se queimar

Faça como eu digo
Faça como eu faço
Aja duas vezes antes de pensar
Corro atrás do tempo
Vim de não sei onde
Devagar é que não se vai longe
Eu semeio vento na minha cidade
Vou pra rua e bebo a tempestade.

BUARQUE, Chico. Bom conselho. In: A arte de Chico Buarque. [S. l.]: Phonogram/Philips, 1975. LP.

3. ¿Cuáles son los proverbios que usa Chico Buarque para componer su canción? Anótalos a continuación.

4. Busca los dichos equivalentes en español y anótalos.

   No se trata de traducir los proverbios brasileños literalmente al español.

5. ¿En qué situaciones usarías los dichos anteriormente mencionados?

   a)
   b)
   c)
   d)
   e)
   f)

6. ¿Qué dichos tradicionales se sugieren en estos grafitis?

Errar es humano, pero echarle la culpa al otro es más todavía.

En casa de heladero, cuchillo de palito.

Felices los que nada esperan porque nunca serán defraudados.

El dinero no hace la felicidad, la compra hecha.

Lo importante no es ganar, sino hacer perder al otro.

La pereza es la madre de todos los vicios y, como la madre, hay que respetarla.

Si la montaña viene hacia ti, ¡corre!, es un derrumbe.

Disponible en: <http://www.chistes.com/Clasificacion.asp?ID=168>. Acceso: el 13 de febrero de 2012.

7. Busquen la letra del bolero "Piel Canela" y cántenlo entre todos.

Pueden bajarlo de <www.youtube.com>.

Punto de apoyo

Sugerencia: un pequeño estudio sobre el tango rioplatense: su origen, su repercusión internacional, Carlos Gardel, Astor Piazzolla, etc.

Modo imperativo*

Verbos en –AR	Verbos en –ER	Verbos en –IR
Cant –A (tú)	Beb –E	Recib –E
Cant –Á (vos)**	Beb –É**	Recib –Í**
Cant –E (usted)	Beb –A	Recib –A
Cant –EMOS (nosotros)	Beb –AMOS	Recib –AMOS
Cant –AD (vosotros)***	Beb –ED***	Recib – ID***
Cant –EN (ustedes)	Beb –AN	Recib –AN

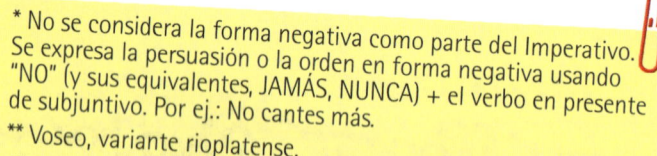

* No se considera la forma negativa como parte del Imperativo. Se expresa la persuasión o la orden en forma negativa usando "NO" (y sus equivalentes, JAMÁS, NUNCA) + el verbo en presente de subjuntivo. Por ej.: No cantes más.

** Voseo, variante rioplatense.

***Variante peninsular.

Practicando la lengua

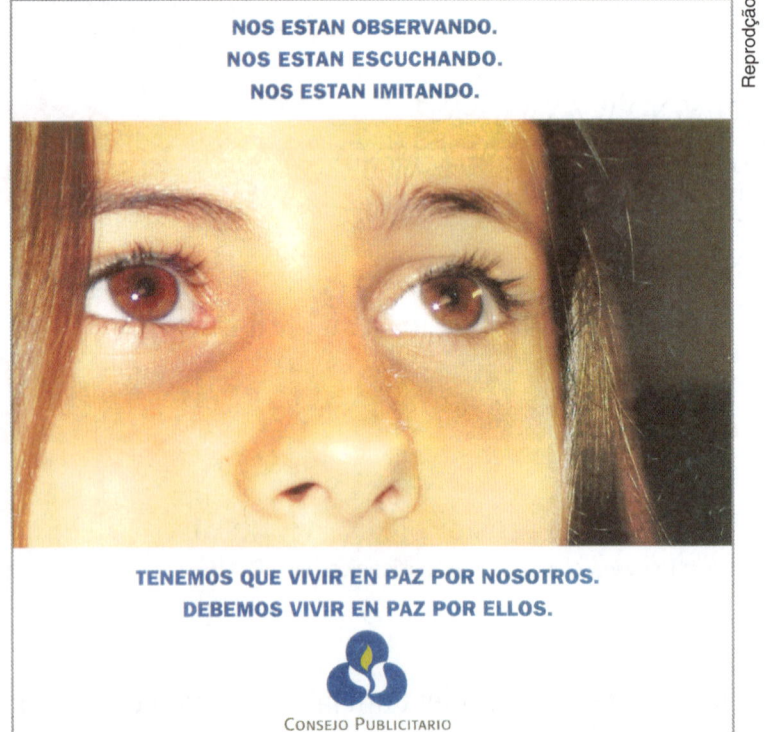

NOS ESTAN OBSERVANDO.
NOS ESTAN ESCUCHANDO.
NOS ESTAN IMITANDO.

TENEMOS QUE VIVIR EN PAZ POR NOSOTROS.
DEBEMOS VIVIR EN PAZ POR ELLOS.

CONSEJO PUBLICITARIO ARGENTINO

La Nación Revista, 2 de enero de 2005.

1. Observen la campaña publicitaria y contesten las siguientes preguntas:

   a) ¿Quiénes están observando, escuchando e imitando?
   _____

   b) ¿A quiénes se refiere el término "nos" de "Nos están observando/ Nos están escuchando/ Nos están imitando"?
   _____

2. Teniendo en cuenta el mensaje de la campaña publicitaria, elaboren un llamamiento de los adultos a los chicos, usando el Imperativo.

   a) Nos están observando.   Obsérvennos.

   b) Nos están escuchando.   _____.

   c) Nos están imitando.   _____.

   d) Nos están mirando.   _____.

   e) Están hablando con nosotros.   _____.

3. Elaboren también un llamamiento de los adultos a otros adultos, usando el Imperativo.

   a) Tienen que vivir en paz por ellos.

   Sugerencia: Hacer lo mismo, sustituyendo "nos" por "me" y "están" por "está". Por ej.: Me está observando. Obsérveme.

   _____

   b) Deben vivir en paz por ellos.
   _____

   c) Deben hablar con los jóvenes.
   _____

   d) Deben cuidar a sus hijos.
   _____

   e) Deben escuchar a los chicos.
   _____

Produciendo un texto propio

Río contaminado por una fábrica de papel en 1995, província de Sichuan, China.

1. Observen la imagen anterior, teniendo en cuenta la calidad de vida de los que viven a orillas de los ríos.

    a) ¿Por qué las papeleras pueden contaminar los ríos?

    _____

    b) ¿Cuáles son las posibles consecuencias de un río contaminado?

    _____
    _____
    _____

2. Elaboren una campaña de rescate para algún río que conozcan y que esté muriendo.

    a) Organicen las ideas. Escojan la más importante y úsenla como slogan.

    b) Reescriban las ideas usando letras de canciones conocidas y dichos populares, o jugando con el doble sentido de las palabras;

3. Con la ayuda de su profesor(a) revisen el texto propuesto y cuelguen el cartel en el mural de su clase.

4. ¿Qué otros daños puede sufrir el medio ambiente? Lean cuidadosamente el siguiente texto.

Los desastres ecológicos

La contaminación con plaguicidas, los derrames de petróleo en el mar, los peligros de la radiación nuclear y los incendios forestales amenazan a los ecosistemas de la Tierra. Es esencial para la defensa de la vida en el planeta que se difundan y analicen los errores que han llevado a situaciones de grave daño ecológico.

Los derrames de petróleo

Una de las mayores causas de la contaminación oceánica son los derrames de petróleo. El 46% del petróleo y sus derivados industriales que se vierten en el mar son residuos que vuelcan las ciudades costeras. El mar es empleado como un muy accesible y barato depósito de sustancias contaminantes, y la situación no cambiará mientras no existan controles estrictos, con severas sanciones para los infractores.

Pessoas limpam a costa em Gelliswick Bay, Milford Haven, após o desastre de derramamento de petróleo do Sea Empress, em maio de 1996 no País de Gales (Reino Unido).

El 13% de los derrames se debe a accidentes que sufren los grandes barcos contenedores de petróleo, que por negligencia de las autoridades y desinterés de las empresas petroleras transportan el combustible en condiciones inadecuadas. En los últimos años, algunos de los más espectaculares accidentes fueron el del buque-tanque Valdés de la Exxon, ocurrido frente a las costas de Alaska el 24 de marzo de 1989, y el del petrolero Mar Egeo, el 3 de diciembre de 1992, frente a la entrada del puerto de la Coruña, en España. Otro 32% de los derrames proviene del lavado de los tanques de los grandes buques que transportan este combustible.

Los derrames ocasionan gran mortandad de aves acuáticas, peces y otros seres vivos de los océanos. Esto altera el equilibrio del ecosistema y modifica la cadena trófica. En las zonas afectadas, se vuelven imposibles la pesca, la navegación y el aprovechamiento de las playas con fines recreativos.

[...]

Incendios forestales

Anualmente el hombre desmantela cerca de 12 000 000 de hectáreas de bosque tropical. Sin embargo, su reducción no es la única que sufren las áreas forestales de nuestro planeta: a ella debe agregarse la explotación desmedida que padecen otros tipos de bosques y la pérdida que ocasionan los incendios.

Más de 7 000 000 de hectáreas de selvas, bosques y matorrales se destruyen anualmente por esta causa. Entre los factores que favorecen este fenómeno se encuentran las altas temperaturas, las sequías y gran falta de humedad y los vientos fuertes y secos que contribuyen a la dispersión del fuego. Lo que empieza siendo una chispa, rápidamente se convierte en un foco de fuego que avanza y no se puede detener ni controlar. [...]

En muchas ocasiones los incendios se originan de manera natural o a veces en forma controlada, pero, no en pocas oportunidades estas catástrofes ocurren por descuido, en especial en zonas turísticas naturales o en áreas protegidas donde el hombre vive en estrecho contacto con la naturaleza haciendo campamentos y vida al aire libre.

Texto parcial: <http://www.barrameda.com.ar/ecologia/desastre.htm>. Acceso: el 20 de enero de 2012.

4.1. Según el texto, es INCORRECTO afirmar:
   a) La contaminación provocada por el derrame de petróleo la causan los hombres.
   b) Los residuos de las grandes industrias que se tiran al mar no son contaminantes.
   c) El 13% del derrame de petróleo al mar se debe al lavado de los busques que transportan ese combustible.
   d) Si las autoridades y las empresas petroleras fuesen más rigurosas habría menos derrame de petróleo.
   e) Son los seres marítimos pequeños los que más sufren con el derrame de petróleo.

4.2. Sobre los incendios forestales, el autor del texto afirma:
   a) Muchas veces, el incendio empieza por un descuido del hombre que hace campamento.
   b) Hay factores naturales que pueden convertir una chispa en grandes incendios, como las altas temperaturas, la sequía y los vientos fuertes.
   c) A pesar del descuido humano, en las áreas protegidas no ocurren incendios.
   d) Los hombres destruyen menos las áreas forestales que los incendios.
   e) Anualmente 12 000 000 de hectáreas de áreas forestales de todo el planeta son destruidas por el fuego.

Puerta de salida

¿Tan cansado/a que te mueres por una cama?

Dormir bien es fundamental para la salud: nos carga las pilas, fija nuestra memoria y nos conecta con nuestra parte más irracional. Durante el sueño, nuestro cerebro sigue funcionando y llegamos a tener ensoñaciones tan reales como la vida misma. Además, dormir lo suficiente suele ser el secreto de belleza mejor guardado por los superguapos: modelos, actores, presentadores...

Ahora que ya sabes que debes dormir bien para estar sano(a) y guapo(a), ¿qué tal un test?

Escuchando

Pista 7

Escucha el audio y pon estos titulares en sus respectivas descripciones:

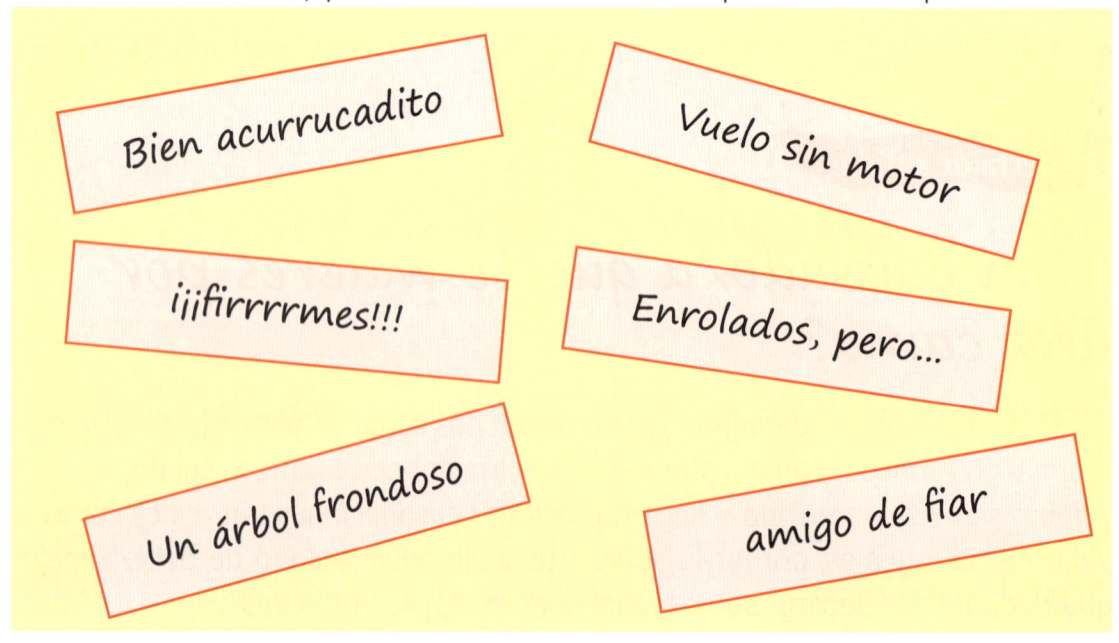

- Bien acurrucadito
- Vuelo sin motor
- ¡¡¡firrrrmes!!!
- Enrolados, pero...
- Un árbol frondoso
- amigo de fiar

Dime cómo duermes y te diré quién eres

Por la noche, nuestro cuerpo se va acomodando en la posición que más tiene que ver con nuestra personalidad.

Los FETOS son tímidos y sensibles, pero intentan mostrarse fuertes y seguros ante los demás. Si eres de los que duermen como un bebé a punto de nacer, colócate bien la almohada para que no te levantes con dolor de cuello.

Si duermes boca abajo y con la cabeza de lado, te encanta la CAÍDA LIBRE. Eres activo, aventurero y muy sociable. Esta postura es ideal para facilitar la digestión.

Sí, a los NOSTÁLGICOS les encanta estar con gente, pero cuesta un pelín confiar en ella. Quizá te rechinen los dientes. Merece la pena que cambies de vez en cuando de postura.

Los SOLDADOS duermen más tiesos que un palo. De día les encanta la rutina y el orden. Les cuesta bastante relacionarse con los demás y no es raro que deleiten a sus vecinos con un recital de ronquidos nocturnos.

Las ESTRELLAS DE MAR son generosas, altruistas, les gusta estar pendientes de los demás. Si duermes así, puede que de vez en cuando sufras alguna que otra pesadilla.

Los TRONCOS tienen fama de ser muy abiertos y sociables, de ser capaces de integrarse en cualquier grupo con mucha facilidad. Si es posible, estaría bien que cambiaras alguna vez de postura durante la noche, para que tu sangre circule mejor.

MUY INTERESANTE Junior- España, n. 500, diciembre de 2008.

Sugerencia de lectura:
GARCÍA MARQUEZ, Gabriel. Algo muy grave va a suceder en este pueblo. <http://www.ciudadseva.com/textos/cuentos/esp/ggm/>. Tras leer el cuento, discutan el poder de la persuasión.

¡Buenas noches! ¡Que descansen!
Nos reuniremos en el próximo proyeto más despiertos que nunca.

unidad 3

La fuerza del pueblo...

Cultura y expresión popular

Objetivo:
Elaborar una noticia para la sección cultural del diario

Calentando el motor

Español unidad 3. La fuerza del pueblo...

CULTO: 1 Adj. Que tiene cultura o conocimientos generales en muchos campos. 2 Palabra o expresión que es propia de una persona instruida. 3 Rel. Homenaje religioso hacia lo que se considera divino o sagrado. 4 Rel. Conjunto de prácticas y manifestaciones con que se expresa este homenaje. 5 Estima o admiración intensa hacia alguien o algo.

CULTURA: 1 (No contable) Conjunto de conocimientos que posee una persona como consecuencia de ejercitar sus facultades intelectuales. 2 Modos de vida, conocimientos y desarrollo artístico, científico o económico de un pueblo o de una época. 3 –física DEP. Desarrollo y mantenimiento del cuerpo por medio de ejercicios físicos.

CULTIVAR: 1 AGR. Preparar y cuidar <una persona> [la tierra] para que produzca sus frutos. 2 BIOL. Preparar y criar <una persona> [microorganismos] en los medios adecuados. 3 Criar <una persona> [seres vivos] para venderlos y obtener beneficios. 4 Cuidar <una persona> [una inclinación, una aptitud o una amistad] para que se mantenga y desarrolle. 5 Dedicarse <una persona> a [una disciplina artística o científica].

Diccionario Salamanca de la lengua española. Madrid: Santillana/Universidad de Salamanca, 1996.

1. Elige una de las palabras y crea un ejemplo para cada uno de sus significados.
2. ¿Qué otras palabras comienzan con CULT-? A continuación te damos un ejemplo.

CULTURIZAR:

Se debe consultar un buen diccionario para discutir la noción de cultura.

Puerta de acceso

Mamani Mamani irradia color, es un "Espíritu de los Andes"

Mamani Mamani ha dedicado su vida a expresar por este medio (la pintura), la visión Aymara del Universo Andino. Para Mamani Mamani el color representa a la mujer, al hombre, a la esperanza, al amanecer como el alba del triunfo sobre la oscuridad de la noche, en pocas palabras, el color representa la vida.

Ñusta: princesa inca.
Amauta: persona sabia.

MAMAMI, Mamami. **Pachamama de los frutos II**. 2009. Pastel sobre papel de acuarela, 50 cm x 70 cm. Colección Particular, EE.UU.

Soy un niño terrible, soy un niño aymara

Soy un niño terrible que juega con los colores
como una ñusta tejedora que tiñe los mantos sagrados.

Soy un niño con manos pequeñas que juega con el barro
como un amauta con las estrellas
que observa el destino de la vida.

Soy un niño que construye y destruye y crea
Dibujo la luz, el aire y las montañas para la vida,
la alegría y la felicidad de los hombres buenos.

> Soy un niño de los Andes, que juega con el arcoíris.
> El color, su existencia es la alegría;
> Sentirlo, olerlo, es un placer, es una pasión.

Soy tan terrible, que juego con las formas, sin reglas,
sin trampas, pero tan terrible, tan terrible, que tal vez
a alguna gente no le guste, pero aquí estoy.

Mamani Mamani

Roberto MAMANI MAMANI es un artista autodidacta que ha desarrollado su plástica a partir de la visión y sentimientos originarios de su pueblo, una tierra vibrante, vital, llena de colores, carácter, texturas y emociones.

Disponible:<http://mamanimamani-bolivia.blogspot.com/>. Acceso: el 14 de febrero de 2012.

En parejas.

1. Entre escribir un poema y pintar un cuadro, ¿qué actividad prefiere Mamani Mamani? Justifiquen su respuesta.

2. Tachen las afirmaciones incorrectas sobre Mamani Mamani.

   a) Mamani Mamani expresa en su pintura la visión de mundo aymara.

   b) Lo que le encanta a Mamani Mamani es pintar a los niños bolivianos.

   c) Para Mamani Mamani lo bello es la victoria del amanecer sobre la noche.

   d) El pintor se considera terrible porque de niño era muy travieso.

   e) Aunque sea adulto, se ve como un niño que juega con los colores.

3. Reescriban las afirmaciones incorrectas tachadas del punto 2, corrigiéndolas.

_____
_____
_____

4. ¿Qué influencia se nota en la elección de colores alegres y en su canto a la vida?

_____
_____

Interactuando con el texto

En grupos de 3 ó 4 compañeros.

1. Busquen en el sitio oficial de Mamani Mamani informaciones sobre sus datos biográficos y anótenlos a continuación.

2. Ilustren el texto con algunas representaciones de sus cuadros.

_____
_____
_____
_____
_____
_____
_____
_____
_____

Escuchando

Pista 8

1. La papa es una de las más importantes contribuciones de la cultura aymara a la humanidad. Escucha este audio y ordena las siguientes frases correspondientes al texto.

( ) Después de la conquista española del imperio incaico, la papa fue rechazada como alimento por los españoles, por aproximadamente 2 siglos.

( ) Cuando los españoles conquistaron el imperio inca encontraron que la papa se cultivaba y se consumía en todo el territorio.

( ) La papa es aceptada en todo el mundo como un alimento de primer orden.

( ) La papa es expuesta alternada y constantemente, durante 2 semanas, a los quemantes rayos solares diurnos y a los congelantes fríos nocturnos.

( ) Los antiguos aymaras también fueron pioneros en inventar la técnica de deshidratación de la papa, con fines de almacenaje.

( ) El término **potato**, y sus derivados como patata, batata, etc.; es de origen caribeño y fueron los ingleses quienes lo acuñaron.

( ) Fue en Irlanda, donde no había otras alternativas alimenticias, donde la papa se convierte rápidamente, en alimento exclusivo.

2. Tras haber escuchado el texto, reescribe la historia de la papa, usando tus propias palabras.

3. Con ayuda de internet y/o de una enciclopedia, informa a tus lectores tres cosas curiosas sobre la patata.

Tres cosas que debes saber sobre la patata

1.

2.

3.

4. Lee la primera parte del poema siguiente y descubre el nombre de su autor.
   Pistas: a) Su primer nombre es Pablo;
   b) Es chileno.

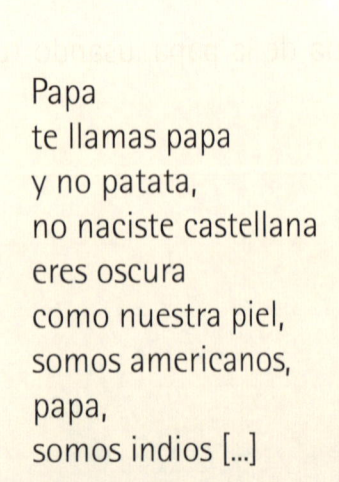

Oda a la papa

Papa
te llamas papa
y no patata,
no naciste castellana
eres oscura
como nuestra piel,
somos americanos,
papa,
somos indios [...]

Disponible en: <http://spanishpoems.blogspot.com.br/2005_03_01_archive.html>. Acceso: el 17 de abril de 2012.

Practicando la lengua

En parejas.

1. Dice el pintor: "Soy tan terrible, que juego con las formas, sin reglas". Completen las frases de forma adecuada y creativa.

    a) Soy tan terrible, que _____.

    b) Soy tan feliz, que _____.

    c) Son tan traviesos, que _____.

    d) Es tan fuerte, que _____.

    e) Somos tan listos, que _____.

2. Con la ayuda de un diccionario, completen las frases:

    a) El que practica travesura es un _____.

    b) El que arma trampas es un _____.

    c) Pintar es un placer.
       Es una actividad _____.

    d) Hablar con su gente le agrada.
       Son momentos _____.

    e) Dibuja la alegría de los hombres buenos.
       Son hombres llenos de _____.

    f) Las mujeres andinas tejen muy bien.
       Son excelentes _____.

Puerta de acceso

La tradición que asoma en las prendas típicas

por Valeria Mazza
vm@valeriamazza.com.ar

La moda muchas veces toma prendas que son típicas de determinado país o región y las convierte en objetos fetiches subiéndolas a las pasarelas de París, Londres, Nueva York, San Pablo o Buenos Aires. Son prendas que apenas las ves, reconocés de dónde vienen. El kimono, por ejemplo, es la vestimenta típica de Japón y era tradición llevarlo hasta los primeros años de la posguerra. Hoy los japoneses lo siguen usando no para su vida cotidiana, sino en acontecimientos especiales como bodas o festejos típicos. Tiene mangas anchas y envuelve el cuerpo sujetándose con una faja ancha (obi). Como complemento del kimono se usan las chinelas de madera o las sandalias bajas. Kenzo fue el diseñador que impuso el kimono en la moda occidental y John Galliano lo mostró en una de sus últimas colecciones para Dior.

[...]

La pollera kilt es de origen escocés y siempre lleva cuadros. Forma parte del traje masculino nacional de Escocia y cuenta la leyenda que su origen tiene que ver con las grandes lluvias que caen en este país a lo largo del año: si los hombres usaban pollera, no se mojaban los pantalones. Su largo original es desde la cintura hasta arriba de la rodilla y se cierra con hebillas en un extremo. A lo largo del siglo XX se incorporó al vestido femenino.

Latinoamérica es reconocida por el poncho, que tiene orígenes en Bolivia, Perú, Colombia y Argentina. Los modelos más reconocidos son el de guardas o el bordó con franjas negras. Aunque generalmente es de lana, los diseñadores los han mostrado en texturas como telar y terciopelo. En Europa, un poncho es un abrigo que impone estilo y personalidad. La bombacha de campo es una marca registrada de nuestro país. Se ha incorporado al look urbano en los últimos tiempos y se lleva con botas o sandalias bajas. Las fanáticas incluso se animan a complementarla con la faja de monedas, tal como se usa en el campo. Las alpargatas, que son típicamente españolas y las usaban los obreros y los soldados, llegaron al Río de la Plata a mediados del siglo XIX. Se impusieron entre los gauchos y luego la clase obrera. Hoy hasta la celebrity más fashion de Hollywood tiene un par.

[...]

No importa dónde estés, siempre podés vestirte según la cultura del país que más te guste.

VIVA, revista de Clarín, 2 de noviembre de 2008.

> Fetiche:
> 1. Ídolo y objeto al que se rinde culto.
> 2. Objeto considerado portador de buena suerte o con poderes sobrenaturales que benefician a quien lo usa o posee.

1. Según el texto, lo tradicional y lo típico están asociados a lo folclórico. Consulta un buen diccionario y anota qué significa "folclore", "folclor" o "folklore" y cuál es el origen del término.

   _____
   _____
   _____

2. Según el texto, marca las afirmaciones correctas:

   a) En las pasarelas de moda muchas veces se ven prendas tradicionales que sirvieron de inspiración a la moda moderna.

   b) Algunos trajes típicos que se usaban a diario se empezaron a usar sólo en ocasiones especiales, como es el caso del kimono japonés.

c) Kenzo se asoció a Galliano para divulgar el kimono japonés en el Occidente.

d) En el siglo XX la pollera kilt, de origen escocés, lo empezaron a usar los hombres.

e) Cuenta la leyenda escocesa que la pollera kilt surgió debido a la necesidad de proteger los pantalones en días de lluvia.

f) En Argentina la bombacha de campo ha sido incorporada al vestuario urbano.

g) Las alpargatas llegaron a Argentina desde España como calzados de obreros y soldados.

h) Las prendas folclóricas, adaptadas o no, deben usarse de acuerdo a la tradición de cada país.

3. Busca en el texto dos ejemplos que confirmen la siguiente afirmación sobre objetos típicos: Son funcionales, se identifican con la vida social, material y económica de la comunidad.

Disponible en: <http://monografias.com/trabajos34/folclor-colombia/folclor-colombia.shtml#defin. Acceso: el 14 de febrero de 2012>.

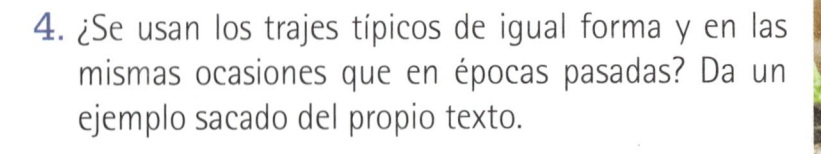

4. ¿Se usan los trajes típicos de igual forma y en las mismas ocasiones que en épocas pasadas? Da un ejemplo sacado del propio texto.

5. ¿En qué aspectos se observa la modernización de lo folclórico?

6. La diferencia de sentido entre las dos frases siguientes es:

   a) Son prendas que apenas las ves, reconocés de dónde vienen.

   b) Sólo con ver las prendas, reconocés de dónde vienen.

Interactuando con el texto

En equipos de 3 ó 4 compañeros.

1. Busquen fotos, tarjetas postales o cualquier tipo de imagen de algún traje típico de una región brasileña o país hispánico que lo identifique como, por ejemplo, el sombrero mexicano.

2. Péguenlas en una cartulina con las informaciones sobre el lugar y las circunstancias en que se usan.

3. Expongan el trabajo oralmente y en el mural de la clase.

Practicando la lengua

En parejas.

1. Lean el texto sobre la cerámica aymara y contesten las preguntas que le siguen.

AYMARA – Cerámica

El aymara es un pueblo milenario dedicado al pastoreo y a la agricultura usando técnicas ancestrales de cultivo. Habitan, traspasando las fronteras impuestas por las naciones, desde las orillas del lago Titicaca y la cordillera de los Andes hasta el noreste argentino.

Aunque no podemos hablar de una cerámica propiamente aymara, en el área habitada por este pueblo se desarrolló la producción alfarera desde aproximadamente hacia el 500 a.C., con una reducida elaboración de alfarería de tipo doméstico.

Hacia el siglo IV o V d.C. denotan las piezas fuertes influencias de la cultura altiplánica de Tiwanaku. Estos rasgos persisten en las fases de Cabuza, Loreto Viejo, Las Maitas y Chiribaya, que se desarrollan aproximadamente entre el 500 y 1000 d.C. Prácticamente desde las Maitas en adelante se puede hablar de un desarrollo local que, progresivamente, conserva cada vez menos las influencias de Tiwanaku.

Hacia el año 1000 hasta cerca del 1250 d.C., se desarrolla la fase cultural San Miguel. En las vasijas, la organización de los elementos, observada desde su vista en planta superior, presenta claramente una propuesta de tetrapartición, marcada por dos diámetros que se cortan en 90º y cuyos extremos se abren en tres ramales, en un motivo gráfico o símbolo, que los asemejan al conocido diseño de los tambores chamánicos (kultrun) representativos de la función y rango de las machis de la región mapuche. [...]

<http://www.serindigena.org/territorios/aymara/art-ay-ce1.htm>. Acceso el: 14 de febrero de 2012.

1. ¿Desde dónde y hasta dónde se extiende el territorio ocupado por los aymaras?

2. ¿En qué época se desarrolló la primera producción alfarera aymara con la elaboración de objetos caseros?

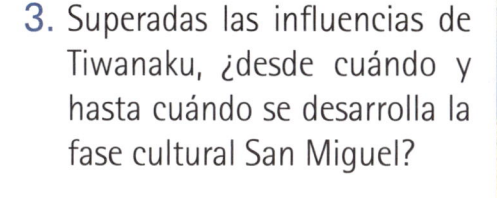

3. Superadas las influencias de Tiwanaku, ¿desde cuándo y hasta cuándo se desarrolla la fase cultural San Miguel?

Cordillera de los Andes, Chile, 2007.

Lago Titicaca, Bolivia, 2010.

4. ¿Cuál es la diferencia de sentido entre "Hasta 1250 se observó la cultura San Miguel" y "Hacia 1250 se observaba la cultura San Miguel"?

5. Completen adecuadamente el cuadro.

Elementos de relación (las preposiciones)

Desde: punto de partida.

Por ej.:

a) _____ la época anterior a los incas el pueblo de la cultura Aconcagua producía cerámica.

b) _____ la ventana se podía contemplar el cerro.

Hacia: en dirección a (referencia espacial); aproximadamente (referencia temporal).

Por ej.:

a) Los españoles se dirigieron _____ la cordillera de los Andes.

b) _____ 470 los incas contactaron al pueblo de la cultura Aconcagua.

Hasta: límite (espacial y temporal).

Por ej.:

a) Los españoles llegaron _____ la costa meridional de Chile.

b) No pararon _____ que no conquistaron todo el territorio chileno.

A: dirección.

Por ej.: Viajaron _____ Santiago de Chile.

Para: finalidad.

Por ej.: Desarrollaron la cerámica _____ proveerse de artículos que les eran útiles.

6. En la historieta que sigue, ¿cuál es el error de Gaturro? Discútanlo con su profesor(a).

Gaturro — Nik

- VOY A PROBAR MIS NUEVAS TÉMPERAS, PERO NO TENGO PINCEL...
- MMMM...
- EL CEPILLO DE DIENTES ELÉCTRICO ME PUEDE SERVIR...
- LE PONEMOS TODOS LOS COLORES...
- Y AHORA... ¿CÓMO SE ENCIENDE ESTO?
- BRRRRRR
- UNA DE DOS, O LO ENCERRAMOS EN UN REFORMATORIO O LE CONSEGUIMOS UNA BECA EN EL MUSEO DE ARTE MODERNO

Gaturro, Nik © 2006 Nik/Dist. by Universal Uclick.

7. ¿Por qué resulta divertido el error de Gaturro?

_____

_____

Puerta de acceso

Texto 1

¡Y ahora Marge Simpson abrió un blog de comida!

Escena del capítulo *foodie* de Los Simpson

En un nuevo capítulo de Los Simpsons emitido recientemente en EE.UU., en que Marge se convierte en una *foodie* y abre un blog, respondiendo a la euforia mundial que hay de blogs dedicados a la comida. Pero ¿qué es un *foodie*?

Escuchando

Pista 9

Escucha y completa la definición con las palabras que falten:

Foodie es un _____ informal para una clase particular de _____ a la comida y a la bebida. La palabra fue creada en 1984 por Paul Levy, Ann Barr y Mat Sloan para su libro *El manual oficial para los foodies*. (...) Aunque a veces se usan como _____, los *foodies* se distinguen de los _____ (...) que simplemente quieren comer la _____ comida, tanto la mejor como la común y _____ todo lo posible _____ de la comida, tanto lo mejor como lo común, y de la ciencia, industria y _____ que rodean a la comida. Por ello, los _____ a veces se consideran _____ de forma obsesiva en todo lo que tiene que ver a _____.

Por ello = por eso

Adaptado de: <http://es.wikipedia.org/wiki/Foodie>. Acceso: el 14 de febrero de 2012.

¿Conocías el término *foodie*?

SÍ ☐   NO ☐

The Food Wife: literalmente, *food*= "comida" y *wife*= "esposa".

El video muestra una secuencia de "*The Food Wife*", el episodio de Los Simpson que salió al aire el 13 de noviembre pasado.

Allí se ve cómo Anthony Bourdain le ofrece a Marge Simpson un típico plato de las calles de Singapur, que la mujer de pelo azul no llega a probar porque su esposo Homero le quita de las manos. Y la escena se cierra con un desfile de personajes. En realidad, se trata de un sueño de Marge, que después de una experiencia reveladora en un restaurante etíope, decide abrir un blog (The Three Mouthkateers), junto a sus hijos Bart y Lisa, y se convierte en una foodie, es decir, una aficionada a la comida.

Desde hace 23 temporadas, Los Simpsons sigue incorporando sistemáticamente en su ideario de parodia alucinada cada fenómeno de la cultura popular que detecta y, así, le llegó el turno a la subcultura de los foodies y sus personajes asociados: los foodstars, cocineros estrella cada vez más presentes en la pantalla del televisor: Gordon Ramsey, Mario Batali, Julia Child, el cocinero sueco de los Muppets, Colonel Sanders (de Kentucky Fried Chicken), Wolfgang Puck y Guy Fieri sobre Paul Prudhomme, en el orden en que aparecen en el video.

Disponible en:<http://cukmi.com/%C2%A1y-ahora-marge-simpson-abrio-un-blog-de-comida/>. Acceso: el 25 de noviembre de 2011.

¿Tu interés por la comida es suficiente para considerarte un *foodie*?

SÍ ☐   NO ☐

Historias relacionadas:
- El rock murió y su lugar lo ocupa la comida
- El sabor de la comida no está en los alimentos
- Las dietas de *Mad Men*, *Lost* y *Los Soprano*
- Un cocinero documentalista viaja buscando la "comida real"

1. ¿Por qué Marge Simpson no puede ser considerada una *gourmet*?

2. ¿Por qué decidió Marge abrir el blog *The Mouthkateers*?

3. Según el texto, es correcto afirmar:
   a) Durante 23 temporadas, la serie Los Simpsons critica sistemáticamente la afición norteamericana a la comida.
   b) El productor ejecutivo de Los Simpsons considera que *foodie* y *gourmet* son equivalentes como expresión de la subcultura popular.
   c) El episodio del 13 de noviembre de Los Simpsons aprovechó la subcultura de los *foodies* para hacer una parodia de la costumbre actual.
   d) Los *foodies* son parodiados porque su afición a la comida es algo obsesivo.
   e) Cada vez invitan a más cocineros famosos a participar en los programas televisivos.

Explorando el texto

En parejas.

1. ¿Qué expresión sinónima de *foodstars* usa el autor del artículo?

2. ¿A quién se refiere el articulista al afirmar que "la mujer de pelo azul no llega a probar" un plato típico de Singapur?

3. Marge, con sus hijos Bart y Lisa, deciden abrir un blog denominado *The Three Mouthkateers*. ¿A qué obra literaria clásica hace alusión este nombre?

Sugerencia: Buscar datos sobre Los Tres Mosqueteros (los personajes, la trama, la lucha por un ideal) y comentar entre todos la relación paródica entre la obra de Alejandro Dumas y el capítulo de Los Simpsons, recordando que los dos están relacionados con la noción de cultura popular.

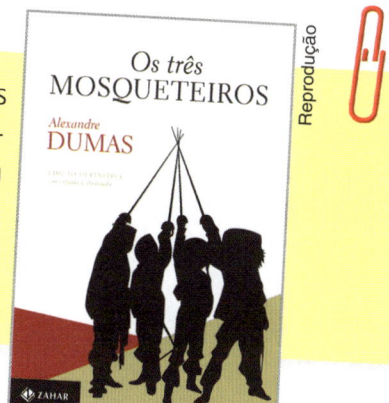

Escuchando

Pista 10

Texto 2

¿Qué hacen?

Escucha y completa este pequeño curriculum de Valeria Trapaga:

_____
_____
_____
_____
_____
_____
_____

Entre mate y mate

En el ritual del mate, cebar es un arte porque significa alimentar algo o mantenerlo en condiciones siempre apetitosas. Ésta es la diferencia entre cebar y servir. Para la cata de yerba mate son tres los principales sentidos que intervienen: vista, olfato y gusto.

Vista: para apreciar la calidad de la yerba, el color debe ser verde claro o verde seco, orientado al amarillento, nunca fuerte ni oscuro. Es importante la armonía entre la cantidad de polvo, palo y hoja. Los palos no deben estar astillados ni ramificados y no deben encontrarse hojas de color negro.

Olfato: La "primera nariz" de la yerba se percibe aspirando profundamente mientras cae y se acomoda dentro de la calabaza. El aroma debe ser similar a hierba seca: pleno, maduro y con un dejo tostado. No debiera oler a encierro, rancio o húmedo; éstos refieren a defectos relacionados a algún proceso de elaboración.

Gusto: Es ideal que el agua esté entre 75º y 80º. Las primeras cebadas llevan consigo el potencial de la yerba; después de la tercera cebada, se puede comenzar la adecuada cata. Primero se constata lo que percibe el olfato, luego esas características deben repetirse y enriquecerse en la boca. El sabor no debe ser ardido, crudo, quemado, húmedo ni mohoso. La buena yerba mate sabe a hierba seca con dejos tostados o amaderados de tabaco o cacao amargo. Tiene un grado de amargor característico, lo que no representa un defecto, siempre y cuando no sea ésta la sensación más destacada. Esto depende de la variedad, procedencia y tratamiento de la yerba degustada. Por último, se aprecia el recuerdo que deja en la boca, determinado por el carácter distintivo de la yerba: largo y persistente en las más fuertes o con un dejo dulzón y redondo en el caso de las suaves. La yerba mate es digna de revalorizarse por sus grandes propiedades nutritivas y terapéuticas. Además, todo su proceso de elaboración es un verdadero arte por lo que la considero un lujo que está al alcance de todos.

VIVA, la revista de Clarín, n. 1490, 21 de noviembre de 2004.

1. Teniendo en cuenta la noción de *foodie* del texto anterior, ¿por qué Valeria no puede ser considerada una *foodie*, sino una *gourmet*?

   _____
   _____

2. Según el texto, ¿cuál es la diferencia entre cebar y servir mate?

   _____
   _____

3. ¿Por qué se debe revalorizar la yerba mate?

   _____

Interactuando con el texto

En grupos de 3 ó 4 compañeros.

1. ¿En qué región brasileña se suele tomar mate con frecuencia?

   _____

2. ¿Cuál es la diferencia entre el mate gaucho y el tereré paraguayo?

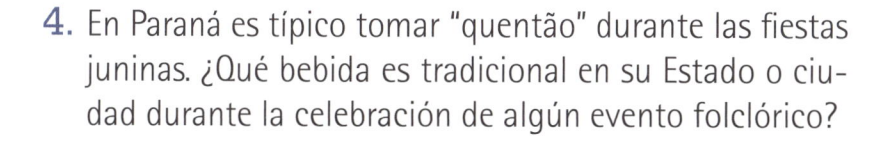

   _____

3. ¿Cuál es la bebida más popular en su región? Expliquen sus virtudes.

   _____

4. En Paraná es típico tomar "quentão" durante las fiestas juninas. ¿Qué bebida es tradicional en su Estado o ciudad durante la celebración de algún evento folclórico?

   _____

Practicando la lengua

En parejas.

1. En el texto *Entre mate y mate* abundan términos técnicos: son palabras que en una determinada área científica y técnica adquieren significados específicos. Con la ayuda de un buen diccionario definan qué se entiende en este contexto por:

    a) ritual: _____

    b) cebar: _____

    c) cata: _____

    d) intervenir: _____

    e) apreciar: _____

    f) calidad: _____

    g) calabaza: _____

    h) rancio: _____

    i) potencial: _____

    j) recuerdo: _____

2. ¿Qué significan las siguientes expresiones típicas del área de cata de yerba mate?

    a) la "primera nariz": _____

    b) "orientado" al amarillento: _____

    c) no debería oler a "encierro": _____

    d) las primeras "cebadas": _____

    e) esas características deben "enriquecerse" en la boca: _____

    f) un "dejo" dulzón: _____

Puerta de acceso

folhinha

26/11/2011 -08h00

Mais de 300 indígenas brasileiros participam de olimpíada

GABRIELA ROMEU
ENVIADA ESPECIAL AO OIAPOQUE (AP)

Atletas participam de prova de cabo de guerra nos Jogos Indígenas no Amapá

Quando era menino, o índio caripuna Eliseu Batista, 34, brincava de arco e flecha. Durante os Jogos Indígenas do Amapá, a brincadeira virou esporte e até rendeu troféu.

Na semana passada, mais de 300 atletas indígenas participaram de provas como subida no açaizeiro, cabo de guerra e pintura corporal. Mas, entre tantas provas curiosas, a que mais agitou a torcida foi o futebol.

Na aldeia do Manga, a corrida com tora empolgou a plateia na arquibancada, que gritava "Bora, parente!". Os "parentes" eram índios de povos como gabilis, caripunas e tiriós.

Lá, estava o cacique Piriri, do povo waiãpi. Depois de percorrer 48 horas de ônibus, ficou meio decepcionado por não levar medalha para casa. "Mas é importante estar aqui e ver como vivem outros povos", diz.

A jornalista Gabriela Romeu e a fotógrafa Letícia Moreira viajaram com apoio dos Jogos Indígenas do Amapá.

<http://www.folha.uol.com.br/folhinha/1011763-mais-de-300-indigenas-brasileiros-participam-de-olimpiada.shtml>. Acceso: el 14 de febrero de 2012.

Explorando el texto

En parejas.

1. Relacionen la primera columna con la segunda de acuerdo a la organización del texto:

   (1) Introducción   ( ) Na aldeia do Manga, a corrida com tora empolgou...
   (2) Desarrollo   ( ) A jornalista Gabriela Romeu e a fotógrafa ...
   (3) Conclusión   ( ) Quando era menino, o índio caripuna...

2. En la introducción, ¿cuáles son las informaciones importantes para la noticia?

3. En el cuerpo/desarrollo de esta noticia, ¿qué informaciones son imprescindibles?

4. ¿Qué informaciones personalizan/particularizan la noticia sobre los Juegos Indígenas?

5. ¿A qué se refiere el número 34 después del nombre de Eliseu Batista?

Interactuando con el texto

Sugerencia: Organicen un cuadro con todas las informaciones para colgarlo en el mural de la clase. Si es posible, ilústrenlo.

En equipos de 3 ó 4 compañeros.

1. Busquen informaciones sobre los pueblos caripuna, gabila, tirió, waiãpi y otros que vivan en su región, y anótenlas a continuación.

2. Busquen informaciones sobre los juegos típicos de los pueblos indígenas brasileños: cómo se llaman, dónde se practican, cómo se juegan y otras curiosidades.

Produciendo un texto propio

En parejas.

1. Reorganicen el texto en portugués, seleccionando los datos que consideren más importantes, sin olvidarse de que en una noticia de diario deben aparecer el título, o titular, y las informaciones sobre el evento (de qué se trata, cuándo y dónde se realizó, sus participantes).

2. Busquen en internet o en diarios impresos (La Nación, Clarín, El Mercurio, El Espectador, El País, El Mundo, etc.) alguna noticia sobre eventos culturales (fiestas populares, deportes típicos, artes y espectáculos, exposiciones, etc.) y elaboren un mini texto para ser publicado en el diario o en el boletín informativo de su escuela.

Puerta de salida

¿A qué aprendiste muchas cosas sobre la cultura popular hispanoamericana y/o sobre tu propia región?

Los refranes

1. Añade algún conocimiento más a tu repertorio, completando los refranes con las palabras sugeridas al final.

   a) Genio y figura, hasta la _____.

   b) Perro que ladra, no _____.

   c) No hay _____ que por bien no venga.

   d) A lo hecho, _____.

   e) Contigo, pan y _____.

f) En boca _____ no entran moscas.

g) Mucho _____ y pocas nueces.

h) _____ prevenido vale por dos.

i) Aquí hay _____ encerrado.

j) A mal tiempo, _____ cara.

k) _____ diga: De esta agua no he de beber.

l) Ojos que no ven, _____ que no siente.

m) En todas partes se cuecen _____.

n) Unos nacen con estrella y otros nacen _____.

o) Más vale pájaro en mano que cien _____.

corazón – muerde – estrellados – ruido – gato volando – buena – habas – sepultura – mal cerrada – nadie – pecho – hombre – cebolla.

<http://erasmusv.wordpress.com/lista-de-expresiones-espanolas/>. Acceso: el 13 de abril de 2012.

Sugerencias: 1. Comentar los significados, dando ejemplos.
2. Ideas sobre refranes.

Sugerencia de lectura:

Sobre *Foodies* se pueden ver vídeos en youtube o en páginas como: <http://www.thevideocook.com/>.

Sobre los beneficios de la yerba mate: <http://www.puntovital.cl/alimentacion/sana/nutricion/mate.htm>.

¡Nos vemos!

unidad 4

Estar al tanto

Noticias científicas y tecnológicas

Objetivo:
Elaborar una noticia científica para el diario en organización.

Calentando el motor

Todos a bordo

HICKS, Eduard. **A Arca de Noé**. 1846. Óleo sobre tela. Philadelphia Museum of Art, Pensilvânia (EUA).

Una iniciativa mundial de zoológicos, museos y criaderos tiene como meta construir una versión moderna del Arca de Noé, el símbolo de la preservación de especies. Esta vez, se reunirán muestras de tejidos que permanecerán congeladas a 196º C bajo cero (crio conservación). Todo para salvarlas.

VIVA, la revista de Clarín, 27 de mayo de 2001.

1. Si ésta es una versión moderna del Arca de Noé, ¿cuál es la tradicional?

_____

2. ¿En qué se diferencia el Arca moderna de la antigua?

_____

3. ¿Qué es la crioconservación?

_____

Puerta de acceso

En España, Australia y Japón, otros museos y zoológicos siguen el ejemplo de la crioconservación. Afortunadamente, cada vez son más las luces que se encienden en laboratorios destinados a ganarle a la extinción. Pero no todos están de acuerdo con clonar animales a partir de tejidos bajo cero. El doctor Novacek, del museo de Nueva York, comenta que esas especulaciones son exageradas: "Aunque la clonación fuera posible no ayuda a preservar los hábitats que los animales necesitan para sobrevivir en la naturaleza", enfatizó. Desobedientes, científicos de una compañía de biotecnología de Massachusetts, en los Estados Unidos, clonaron este año a un gaur (animal parecido al buey) que está en peligro de extinción en Asia. Para hacerlo, utilizaron un tejido que estaba congelado desde hace ocho años en el zoológico de San Diego. Lamentablemente, el bebé gaur murió a los dos días; los científicos aseguran que fue por una infección ajena al proceso efectuado en el laboratorio. Sea como fuere, para el doctor George Amato, de la Sociedad de Conservación de Vida Silvestre, los tejidos congelados no son buenos para ser sometidos a las técnicas actuales de clonación: "La clonación, además, no es la forma de combatir las extinciones. La teoría de que podemos mantener muestras congeladas y reconstituir en el futuro a estos animales como una técnica de conservación es algo que no tiene sentido", se enoja.

VIVA, la revista de Clarín, 27 de mayo de 2001.

1. ¿Por qué el doctor Novacek se muestra pesimista en relación a la crioconservación?

   _____

2. ¿Cuál es el argumento del doctor George Amato contra la clonación para preservar las especies animales?

   _____

3. Según el texto, es correcto afirmar:

   a) Fue comprobado que el tejido de un gaur usado para clonarlo no dio resultado debido al procedimiento equivocado de clonación.

   b) La meta de los científicos es clonar las especies en extinción para evitar su desaparición.

   c) Los opositores a la idea de clonación por razones de preservación de las especies se muestran optimistas en cuanto a esa técnica conservacionista.

   d) El doctor Novacek no está convencido de que la crioconservación sea la solución para preservar las especies en extinción.

   e) Actualmente se considera que el gaur asiático es un animal extinto.

Explorando el texto

En parejas.

1. Teniendo en cuenta el asunto del texto anterior, escojan un título adecuado y suficientemente atractivo para su lectura.

   _____
   _____

2. El texto se presenta como párrafo único. Sin embargo, es posible dividirlo en cuatro partes. Identifíquenlas.

   1ª parte: de _____ a _____ ;

   2ª parte: de _____ a _____ ;

3ª parte: de _____ a _____ ;

4ª parte: de _____ a _____ .

3. La frase "Afortunadamente, cada vez son más las luces que se encienden en laboratorios destinados a ganarle a la extinción." equivale a:

   a) Afortunadamente, cada vez hay más laboratorios que buscan una forma de evitar la extinción de las especies animales.

   b) Afortunadamente, cada vez más laboratorios llaman la atención de los científicos para que investiguen formas de preservar las especies animales en extinción.

   c) Afortunadamente, los laboratorios empiezan a encender la luz roja de alarma contra los falsos adeptos a la clonación de animales.

   d) Afortunadamente, aumenta el número de laboratorios destinados a mejorar la técnica de crioconservación para fines de preservación de las especies.

Escuchando

Pista 11

En grupos de 4 ó 5 compañeros.

Escuchen el audio, contesten las preguntas y discutan el tema de las especies brasileñas amenazadas de extinción.

Mico-leão-dourado.

Jacaré-do-papo-amarelo.

Onça-pintada.

1. Completen con las cantidades que falten:

En Brasil existen _____ especies de animales que pueden desaparecer _____, de las cuales, el _____ son de la Floresta Atlántica, el _____ son de la Amazonia y el _____ de la región del Pantanal.

2. ¿Cuáles son las principales causas de la extinción de estos animales?

( ) la deforestación
( ) la expansión urbana
( ) los acampamentos
( ) los incendios
( ) las lluvias
( ) el calentamiento global
( ) la fragmentación de los hábitats
( ) el tráfico de animales salvajes
( ) las carreteras
( ) la cercanía de las ciudades de la selva
( ) el rompimiento de la cadena alimentaria
( ) las políticas ambientales
( ) la pesca excesiva.

Las especies amenazadas:

69 mamíferos   160 aves

20 reptiles   16 anfibios

154 peces   130 invertebrados terrestres

78 invertebrados acuáticos

Disponible en: <http://www.portaldascuriosidades.com/forum/index.php?topic=62538.0>
Acceso: el 14 de febrero de 2012.

1. Investiguen:

   a) ¿Cuáles son los mamíferos brasileños en extinción?

   b) Anoten los nombres de dos aves y dos peces brasileños amenazados.

   c) ¿Qué tipos de animales en peligro de extinción mencionados en el recuadro anterior viven en su región?

   d) ¿Qué otros animales son típicos de su región?

   e) ¿Hay condiciones favorables o proyectos específicos para su preservación? ¿Cuáles?

Practicando la lengua

En parejas.

1. Teniendo en cuenta el primer texto de esta unidad, llenen adecuadamente los espacios con una de las expresiones (=elementos de cohesión) indicadas a seguir:

> AUNQUE – PORQUE – SI – SIN EMBARGO –
>
> YA QUE – SINO QUE

a) _____ la clonación fuese posible no ayuda a preservar a los animales en extinción, _____ les faltarían los hábitats.

b) Muchos animales seguirían vivos _____ los hombres no destruyesen sus hábitats.

c) Los científicos favorables a la crioconservación no sólo deberían pensar en la forma de salvar a los animales, _____ también deberían pensar en preservar sus hábitats.

d) Hay muchos científicos que están optimistas con las técnicas de crioconservación. _____, hay científicos que no están totalmente de acuerdo con esa práctica como forma de salvar a las especies.

e) Los científicos de una compañía de biotecnología de Massachusetts intentaron clonar a un gaur, _____ este animal está en peligro de extinción.

2. Teniendo en cuenta el primer texto de esta unidad, señalen la alternativa correcta:

2.1. Hay cada vez más laboratorios dedicados a investigar la forma de preservar las especies en extinción. Por otro lado, también hay muchos científicos que están en contra de la práctica de crioconservación.

a) Aunque haya cada vez más laboratorios dedicados a investigar la forma de preservar las especies en extinción, muchos científicos están en contra de la práctica de crioconservación.

b) Hay cada vez más laboratorios dedicados a investigar la forma de preservar a las especies en extinción. Por lo tanto, hay muchos científicos que están en contra de la práctica de crioconservación.

2.2. El bebé gaur murió después de dos días de haber sido clonado. Es posible que haya sido debido a una infección ajena al proceso de clonación.

a) El bebé gaur murió después de dos días de haber sido clonado posiblemente porque agarró una infección ajena al proceso de clonación.

b) El bebé gaur murió después de dos días de haber sido clonado a pesar de que la infección hubiese sido correctamente controlada.

2.3. El doctor Amato afirma que la clonación no es la forma de combatir las extinciones. Así, no tiene sentido conservar las muestras de tejidos para futuramente reconstituir a los animales.

a) El doctor Amato afirma que la clonación no es la forma de combatir las extinciones, sino de conservar las muestras de tejidos para ser usadas futuramente.

b) El doctor Amato afirma que no tiene sentido conservar las muestras de tejidos para futuramente reconstituir a los animales, ya que la clonación no es la forma de combatir las extinciones.

3. Discutan y expliquen sus respuestas.

4. Completen los huecos con los elementos de cohesión (página 98) adecuados.

a) Recientemente en Rusia fue confirmada la extinción de una planta, _____, dicen que hay esperanzas de rescate.

b) _____ algunas especies brasileñas consideradas en extinción hayan salido de la zona de riesgo, otras especies están amenazadas.

c) No se trata de desperdiciar recursos en experimentos que parecen locos, _____ de buscar soluciones de supervivencia.

d) En Brasil no hay conciencia política de conservación, _____ se pueden ver algunas iniciativas interesantes.

5. Consulten el "Punto de apoyo" de la página 102 y completen las frases a seguir.

a) La tortuga boba se encuentra en peligro de extinción porque

b) Las industrias no sólo arrojan basura al mar, sino que tampoco

Tartarugas deixam seus ovos nas areias e voltam ao mar.

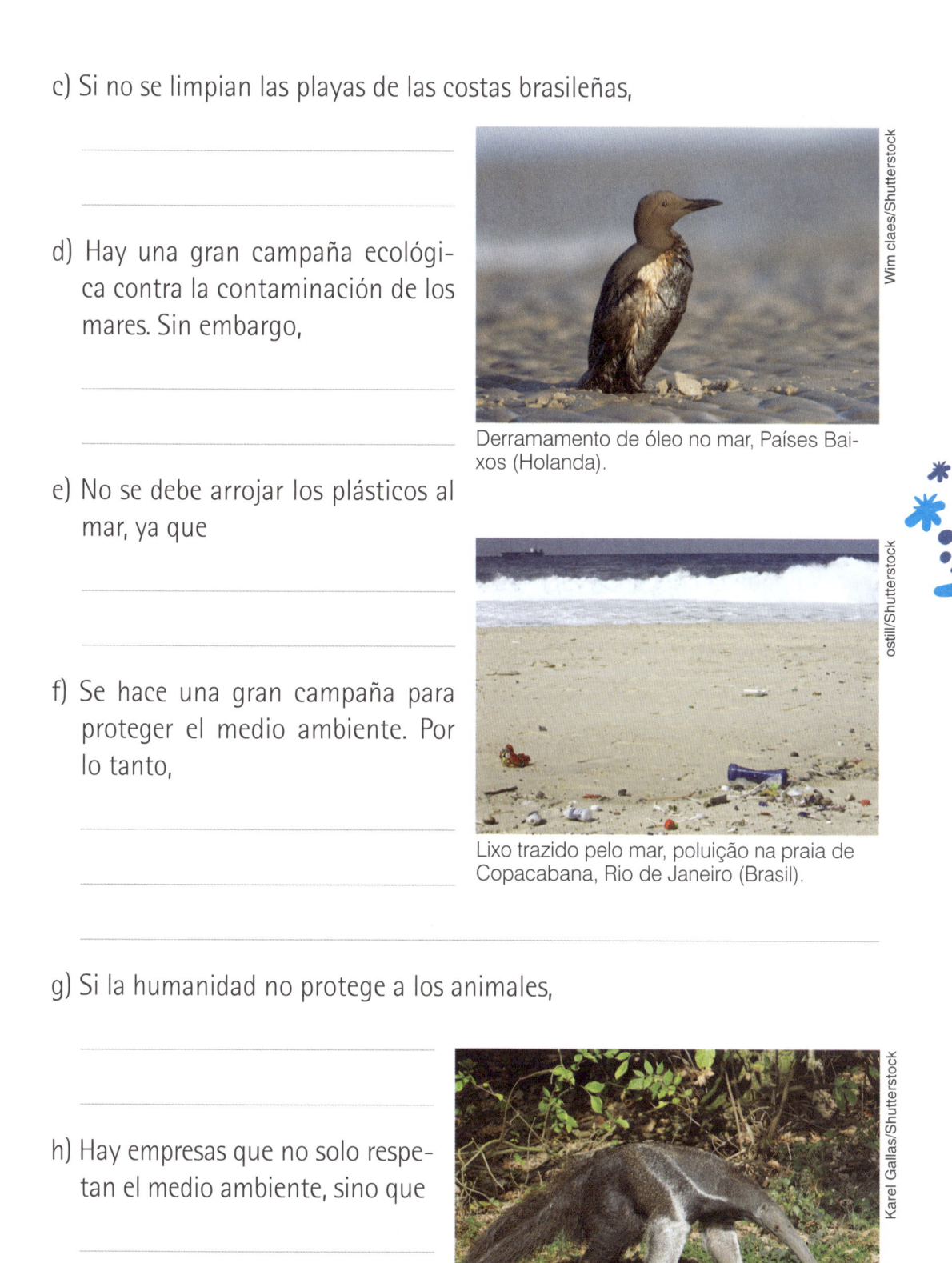

c) Si no se limpian las playas de las costas brasileñas,
_____
_____

d) Hay una gran campaña ecológica contra la contaminación de los mares. Sin embargo,
_____
_____

Derramamento de óleo no mar, Países Baixos (Holanda).

e) No se debe arrojar los plásticos al mar, ya que
_____
_____

f) Se hace una gran campaña para proteger el medio ambiente. Por lo tanto,
_____
_____

Lixo trazido pelo mar, poluição na praia de Copacabana, Rio de Janeiro (Brasil).

g) Si la humanidad no protege a los animales,
_____
_____

h) Hay empresas que no solo respetan el medio ambiente, sino que
_____
_____
_____

Tamanduá-bandeira, animal em perigo de extinção, Brasil.

Punto de apoyo

Elementos de cohesión

Porque: motivo, causa.

Muchos animales se extinguieron porque el hombre destruyó su hábitat.

Ya que: causa y explicación.

Ya que los hombres no respetaron a la naturaleza, ésta se volvió contra ellos.

Aunque: concesión con matiz hipotético.

Aunque la crioconservación sea una forma de preservar a los animales en extinción, éstos seguirán en peligro, porque sus hábitats están siendo destruidos.

Si: condición.

Si no se toman medidas urgentes, ciertos animales desaparecerán.

Sin embargo*: oposición.

Algunos científicos confían en que la crioconservación es la forma ideal para salvar a los animales en extinción. Sin embargo, hay otros que no creen que esta sea la salvación.

*Sinónimo de "Pero"

Sino/ Sino que: contraposición entre lo que se niega y lo que se afirma.

No hay fórmulas mágicas, sino soluciones científicas para preservar a las especies en extinción.

Los gobiernos no hacen nada para solucionar los problemas ambientales, sino que los aumentan.

Por lo tanto: consecuencia.

Los laboratorios siguen estudiando la mejor forma de preservar a los animales en extinción. Por lo tanto, aún hay esperanzas de salvarlos.

Puerta de acceso

elmundo.es Ciencia y ecología

Portada > Ciencia

¿Matar a 4 500 ballenas para 'investigarlas'?

Actualizado miércoles 27 ago. 2008   16:47 (CET)

TANA OSHIMA

MADRID — La polémica está servida. Investigadores japoneses han llegado a la conclusión de que las ballenas Minke ('Balaenoptera acutorostrata') hoy tienen menos grasa que hace 20 años. Esto podría deberse a una reducción drástica de las poblaciones de krill (minúsculos crustáceos) en el Océano Atlántico como consecuencia del calentamiento global, que está hundiendo a un ritmo acelerado las banquisas de hielo vitales para estos pequeños animales. La grasa sirve para los cetáceos, como a otros animales, para aislarles del frío de los mares polares, por lo que los resultados del citado estudio advierten del peligro al que se enfrenta esta especie en el futuro. Un "importante descubrimiento sin precedentes", según los autores, para el cual ha hecho falta matar a más de 4 500 ejemplares a lo largo de dos décadas. ¿Es así como trabaja la ciencia?

La investigación dio la vuelta al mundo sin que ninguna revista de prestigio quisiera publicarla. Hasta que 'Polar Biology', una publicación científica alemana, decidió difundirla en su edición online. Para los investigadores japoneses ha sido todo un éxito; para los conservacionistas, una forma muy discutible de justificar la caza 'científica' de ballenas.

Banquisa: banco de hielo.

Conservacionista= En portugués, "ecologista".

Activistas de Greenpeace tratan de prevenir la transferencia de una ballena Minke asesinada.

"No creo que se pueda medir esto por otras vías", dijo Lars Walloe, experto en cetáceos de la Universidad de Oslo y coautor del estudio, refiriéndose a la inevitable muerte de los animales.
Pero el estudio iba más allá, y consideraba que a la disminución del krill disponible se añadía una recuperación de la población de las ballenas jorobadas ('Megaptera novaeangliae'), durante tiempo en grave peligro de extinción, lo que hacía que las Minke tuvieran que competir más por conseguir alimento.
El estudio se da a conocer menos de un año después de que Japón anunciara su intención de volver a cazar ballenas jorobadas por primera vez en 50 años, aunque finalmente la presión internacional logró disuadirlo temporalmente.

Experto= En portugués, "especialista".

Balena Jorobada= En portugués, "baleia jubarte".

Lograr= En portugués, "conseguir".

Disponible en: <http://www.elmundo.es/elmundo/2008/08/27/ciencia/1219837620.html>. Acceso: el 14 de febrero de 2012.

1. El artículo comienza con la frase "La polémica está servida". ¿A qué polémica se refiere? Señala la única alternativa correcta.

    a) La reducción de las poblaciones de krill debido al calentamiento global.

    b) El sacrificio de miles de ballenas para producir pocos estudios importantes.

    c) La alteración en el organismo de las ballenas Minke, que ahora tienen menos grasa que hace 20 años.

    d) El anuncio por parte de Japón de que renunciaría a la caza de ballenas jorobadas.

2. Según el texto, ¿cuáles son las razones de la disminución de grasa en las ballenas Minke?

    _____
    _____
    _____
    _____

3. ¿Por qué los autores del estudio sobre las ballenas Minke tuvieron dificultad en publicarlo?

    _____
    _____
    _____
    _____

4. ¿De qué forma Lars Walloe justifica la muerte de 4.500 ballenas Minke?

    _____
    _____
    _____
    _____

Explorando el texto

En parejas.

1. Teniendo en cuenta el asunto abordado, ¿por qué el titular del artículo, ¿Matar a 4.500 ballenas para "investigarlas"?, está en forma de pregunta? Señalen la alternativa correcta.

    a) El autor del artículo cuestiona la necesidad de matar tantas ballenas para fines científicos.

    b) El autor del artículo defiende la caza de ballenas para fines científicos.

2. ¿Cuál es el objetivo de usar las comillas para el verbo "investigarlas" en este contexto?

    _____
    _____
    _____

    Sugerencia: Busquen otros ejemplos de "ironía".

3. Al preguntar "¿Es así como trabaja la ciencia?", el autor indica que

    a) siente admiración por la forma como trabajan los científicos japoneses.

    b) no está de acuerdo con la forma de investigar de los científicos japoneses.

4. ¿Por qué las denominaciones "ballenas Minke" y "ballenas jorobadas" vienen seguidas de nombres entre paréntesis?

    _____
    _____
    _____
    _____

Interactuando con el texto

En grupos de 3 ó 4 compañeros.

Lean la continuación del artículo anterior y realicen las actividades propuestas.

¿Vale la pena matar a tantas ballenas?

[...]

Desde la década de los 80 existe una moratoria internacional sobre la caza comercial de ballenas. El mecanismo que tienen los países tradicionalmente cazadores, como Japón, Noruega e Islandia, para poder continuar ofreciendo en sus mercados este controvertido pero codiciado alimento es la "caza con fines científicos".

> **Moratoria:** es cuando la comunidad internacional no acepta ciertas actividades y decide prohibirlas. Si no cumple la norma, el país es sancionado.

Activistas quedan atrapados al tratar de defender a una ballena del santuario del Océano Sur.

Las capturas japonesas, que terminan en el supermercado como una exquisitez, son, supuestamente, restos que provienen de los laboratorios tras intensas investigaciones llevadas a cabo en pos de la conservación de estos animales.

En realidad, de esa caza científica de miles de ballenas practicada durante 20 años se han publicado 55 estudios, pero, según científicos australianos, sólo unos pocos han sido relevantes y han requerido realmente matar a los animales.

El objetivo último de la "caza científica" de ballenas por parte de Japón es demostrar que es posible la captura sostenible de cetáceos, si bien los expertos sostienen que no es necesario matar a los ejemplares para hacer estudios de su población. ¿Intentarán demostrar ahora lo mismo con las jorobadas?

Disponible en: <http://www.elmundo.es/elmundo/2008/08/27/ciencia/1219837620.html>.
Acceso: el 14 de febrero de 2012.

1. Discutan entre los miembros de cada equipo si vale la pena matar a tantas ballenas para fines científicos. Justifiquen su respuesta.

2. ¿Están de acuerdo con la afirmación de que es posible la captura sostenible de cetáceos? Anoten la respuesta del grupo.

3. ¿Son válidas las acciones del grupo Greenpeace? Mencionen algunos casos en que Greenpeace actuó con resultados positivos.

   _____
   _____

4. En el texto, se refiere a la "caza científica". ¿Qué otros tipos de cazas existen?

   _____

5. Si los japoneses intentaran hacer lo mismo con las ballenas jorobadas, ¿estarían de acuerdo con una nueva caza científica?

   ( ) Sí   ( ) No

6. Si su respuesta fue negativa, ¿qué harían para impedírselo?

   _____
   _____

Practicando la lengua

En parejas.

1. Otra forma de expresar lo equivalente a las capturas japonesas, que terminan en el supermercado como una exquisitez, son, supuestamente, restos que provienen de los laboratorios... es:

   a) Cualquiera puede imaginar que la mayor parte de las capturas japonesas que acaban en el supermercado para venta al público en general no viene de los laboratorios.

   b) Los supermercados japoneses venden carne de ballena que ha sido examinada y aprobada por los laboratorios.

   c) Es raro que los laboratorios envíen al supermercado restos de las ballenas que sirvieron como objeto de estudio.

   d) Se comprobó que las ballenas que se venden en los supermercados japoneses son restos de las que se han estudiado en los laboratorios.

2. Consulten un buen diccionario y anoten qué significan las expresiones "tras" ("tras intensas investigaciones") y "en pos de" ("en pos de la conservación de estos animales") en este contexto.

   a) tras: _____

   b) en pos de: _____

3. ¿Qué significa "exquisitez"? Para probar que han entendido su significado, escriban dos ejemplos de algo exquisito.

   _____
   _____

Escuchando

Pista 12

Escucha el artículo publicado en el blog <http://planetabeta.com/> y describe con tus propias palabras en qué consiste el trabajo de Joel Sartore:

_____
_____

Bryn, una de las modelos del libro, lamentablemente:

_____
_____

La opinión del autor es que:

_____
_____
_____

En el futuro el fotógrafo quiere:

_____
_____

Puerta de acceso

"Islas Encantadas"

Las islas Galápagos constituyen un archipiélago del océano Pacífico ubicado a 972 km de la costa de Ecuador. Está conformado por 13 grandes islas volcánicas, 6 islas más pequeñas y 107 rocas e islotes, distribuidos alrededor de la línea del ecuador terrestre.

Las islas Galápagos son famosas por sus numerosas especies endémicas y por los estudios de Charles Darwin que lo llevaron a establecer su Teoría de la Evolución por la selección natural.

Son llamadas las "Islas Encantadas" ya que la flora y fauna encontrada allí es prácticamente única y no se la puede encontrar en ninguna otra parte del mundo.

Wikipedia. Acceso: el 2 de mayo de 2012.

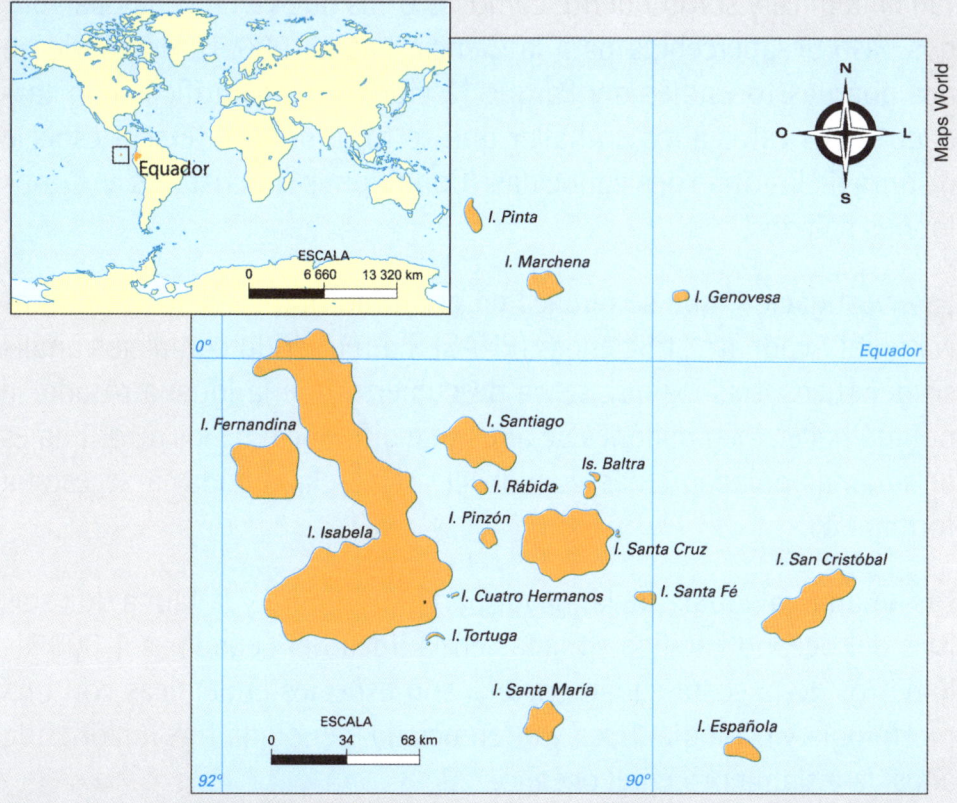

Fonte: Grande Atlas Universal Ilustrado. Rio de Janeiro: Reader's Digest Brasil, 1999. p.192.

Investigación en las Galápagos

La iguana rosada que dio esquinazo a Darwin

GUSTAVO CATALÁN DEUS

MADRID — Darwin no pudo verlas en 1835. Las iguanas rosadas que viven en el volcán Lobo al norte de la isla Isabela, en el archipiélago de las Galápagos, no fueron objeto de las reflexiones del célebre biólogo, autor de la Teoría de la Evolución de las Especies.

> **Dar esquinazo:** esquivar.

No fue adrede, simplemente no las vio nunca porque durante las cinco semanas que permaneció en el remoto archipiélago no visitó el volcán, muy alejado de la zona que el "Beagle" utilizó como fondadero.

Tan alejado está el volcán Lobo, que esta especie de iguana terrestre tan endémica y sorprendente como las otras que viven en las Galápagos pasó desapercibida para la Ciencia hasta 1986. La descubrieron dos guardas forestales del Parque Nacional. Los científicos han tardado todos estos años en hallar que se trata de una tercera especie distinta de las otras dos conocidas: 'Conolophus subcristatus' y 'Conolophus pallidus'.

La investigación, que se publica en el último número de Proceedings National Academy of Sciences (PNAS), ha requerido complejos análisis genéticos, tras los que se ha descubierto que la iguana rosada se originó hace cinco millones de años y se diferenció de los otros linajes de iguanas galapagueñas cuando el archipiélago todavía se estaba formando.

Las iguanas, al igual que la mayor parte de la flora y la fauna de estas islas del océano Pacífico situadas en la línea del Ecuador a 1 000 kilómetros de la costa sudamericana, son especies endémicas con una morfología y ecología única y diferenciada, generada tras millones de años de aislamiento en el océano.

Ejemplar de la iguana descubierta en el volcán Lobo de la isla Isabela, en las Galápagos.

Fue lo que a Charles Darwin le hizo exclamar el ¡eureka! de los científicos. En las cinco semanas que estuvo visitando la docena de islas y el centenar de islotes asociados percibió cambios morfológicos en especies emparentadas, pero que vivían en islas distintas separadas por unas decenas de kilómetros.

Lo detectó entre los pinzones: los de una isla tenían el pico más curvo o más largo que los de otras islas, simplemente porque se habían especializado en alimentarse de un sustento que precisaba un pico específico para acceder a él.

Darwin dio vueltas muchos años a su teoría. Incluso revisó varias veces sus ediciones a lo largo de cuatro décadas. Si hubiera visto a las iguanas rosadas, probablemente hubiera perfilado mejor su tesis. Ha habido que esperar 180 años para tener otra prueba más.

¡Eureka! : expresión usada por Arquímedes al encontrar la solución a un problema que lo atormentaba, equivalente a ¡Lo encontré!

Disponible en: <http://www.elmundo.es/elmundo/2009/01/05/ciencia/1231181800.html>.
Acceso: el 14 de febrero de 2012.

1. ¿Por qué no descubrió Darwin la iguana rosada de las Galápagos?

2. ¿Quién(es) descubrieron la iguana rosada?

2. ¿Cómo consiguieron determinar los científicos que la iguana rosada descubierta por dos guardas forestales era una especie distinta de las otras dos iguanas galapagueñas?

3. Basándose en la observación de los pinzones, Darwin pudo desarrollar su teoría evolutiva. ¿Qué observó el científico?

Los pinzones tuvieron un papel determinante en la formulación de la teoría de la evolución por selección natural.

Interactuando con el texto

En grupos de 3 ó 4 compañeros.

1. Tras leer el texto siguiente, relacionen la primera columna con la segunda.

Charles Darwin (1809-1882), el científico evolucionista más importante del siglo XIX, publicó en 1859 *El origen de las especies*, que sentó las bases de la biología evolutiva moderna. Sus principales argumentos son:

Charles Darwin.

(a) Los tipos biológicos o especies no tienen una existencia fija ni estática, sino que se encuentran en cambio constante.

(b) La vida se manifiesta como una lucha constante por la existencia y la supervivencia.

(c) La lucha por la supervivencia provoca que los organismos que menos se adaptan a un medio natural específico desaparezcan y permite que los mejores adaptados se reproduzcan. A este proceso se le llama "selección natural".

(d) La selección natural, el desarrollo y la evolución requieren de un enorme período de tiempo, tan largo que en una vida humana no se pueden apreciar estos fenómenos.

( ) No se puede percibir la evolución en una sola generación humana.

( ) Los tipos biológicos están cambiando constantemente.

( ) Lo que impulsa la vida es la lucha por la supervivencia.

( ) La selección natural permite que sólo los organismos que se adaptan a un medio específico se reproduzcan.

2. Basándose en las informaciones anteriores, comenten si es posible considerar el caso de los pinzones como una prueba más para la teoría de la evolución. Justifiquen su respuesta.

Escuchando

Pista 13

3. Escucha el texto de la viñeta y trancríbela. Luego, con la ayuda de tu profesor(a) de Ciencias, explica su significado:

Produciendo un texto propio

En parejas.

1. A seguir, hay algunas noticias científicas que, desde el punto de vista técnico, pueden clasificarse en dos tipos básicos.

   Primer tipo:

   a) el título está en forma de pregunta;

   b) hay ilustraciones (fotos o dibujos);

   c) presentan *links* relacionados para ampliar las informaciones;

   d) informe objetivo.

¿Inspiró Picasso el diseño de los logotipos de los Mac de Apple?

PICASSO, Pablo. **Dos Personas**. 1934. Óleo sobre tela. Museo de Arte Moderno de Rovereto en Trento (Itália).

Cuando Apple empezó a vender sus ordenadores, Tom Hughes y John Casado, entonces directores de arte del equipo de la compañía de Steve Jobs, diseñaron un logotipo a todo color apodado el "logo Picasso" e inspirado en los trazos del genio español del cubismo, que daba la bienvenida a los usuarios de Macintosh hasta el sistema 7.6.1. Por otra parte, también hay quien asegura que el ícono moderno de Mac, creado en 1997 y que se utiliza como ícono de Finder, está basado en un cuadro de Picasso de 1934 titulado *Dos personas* con el rostro azul descompuesto al más puro estilo cubista.

Por otra parte, la campaña publicitaria "Piensa diferente" también contó con la "presencia" de Picasso, junto a Einstein, Gandhi y Martin Luther King, entre otros. "Las personas creativas, apasionadas, pueden cambiar el mundo para mejor", explicaba el propio Steve Jobs en relación con la campaña.

Y además...

- 6 curiosidades sobre la vida de Steve Jobs
- Fallece Steve Jobs, fundador de Apple
- Ni iPhone 5 ni iPad 3: Apple presenta el iPhone 4S
- ¿Por qué el logo de Apple es una manzana mordida?

Disponible en: <http://www.muyinteresante.es/iinspiro-picasso-el-diseno-de-los-logotipos-de-los-
-mac-de-apple>. Acceso: el 14 de febrero de 2012.

Segundo tipo:

a) una mini introducción;

b) un título general y varias noticias en la revista virtual;

c) sin ilustraciones;

d) partes subrayadas para cliquear dentro del texto;

e) acercamiento al usuario en lenguaje coloquial.

elmundo.es Ciencia y ecología

Arriesgados experimentos

Hacer una selección de lo más destacado del archivo no es tarea sencilla teniendo en cuenta la talla de los autores que firman muchas de las investigaciones, que abarcan casi todas las áreas de conocimiento humano, y los curiosos relatos narrados en las cartas a la revista.

Entre los documentos más valiosos que pueden consultar los lectores está la primera investigación de Isaac Newton, en la que explica el revolucionario descubrimiento que hizo en 1672: el color es una propiedad inherente a la luz y la luz blanca está compuesta por una mezcla de otros colores.

Los internautas también podrán consultar los trabajos llevados a cabo por un joven Charles Darwin. Aquellos que deseen profundizar en la obra del naturalista tienen a su disposición desde el pasado mes de junio la biblioteca de Charles Darwin que la Universidad de Cambridge digitalizó y a la que también se puede acceder de forma gratuita a través de Internet.

Darwin no fue el único miembro de su familia que se dedicó a la ciencia. Su primo, Francis Galton, descubrió en 1891 que las huellas dactilares eran un rasgo distintivo de las personas y podían ser utilizadas para su identificación. Poco después, Scotland Yard comenzó a utilizar este método, que fue extendiéndose a todo el mundo.

[...]

Queremos saber tu opinión

Usuario registrado

Email: [   ] Contraseña: [   ]

¿Eres un usuario nuevo? Regístrate

Entrar>>

Disponible en: <http://www.elmundo.es/elmundo/2011/10/28/ciencia/1319824569.html>.
Acceso: el 14 de febrero de 2012.

2. Basándose en los modelos anteriores, busquen alguna noticia científica y reorganícenla como material informativo para la sección de ciencias del diario que están preparando como objetivo del curso lectivo.

No se olviden:

a) El título.

b) La forma de organizar el texto (más formal o más informal).

c) El vocabulario técnico necesario.

d) El asunto resumido.

e) La ilustración (si la usan).

f) Las fuentes de referencia.

3. La primera versión escrita deben presentársela a su profesor(a) para que la revise y les haga sugerencias. Cuando la tengan de nuevo, corríjanla y cuélguenla en el mural de su clase.

4. Sus compañeros tienen derecho a opinar y a sugerir alteraciones. Si están de acuerdo, reescriban y/o reorganicen el texto, incluyendo ilustraciones y el tipo de relevancia que se le dará a la noticia. La versión final va a componer la sección de noticias científicas del diario o boletín que, junto a sus compañeros, presentarán al final del curso lectivo.

Anoten las sugerencias y opiniones a continuación:

_____
_____
_____
_____
_____
_____
_____

Puerta de acceso

¿Saben qué es LILYPAD?

Lilypad, la ciudad flotante del futuro (inspirada en un nenúfar gigante del Amazonas)

Publicado por Redacción el 30 de junio de 2008

Lilypad es la ciudad flotante en la que el arquitecto Vincent Callebaut cree que podríamos vivir en torno al año 2100, imaginando un futuro apocalíptico en el que el hombre habría destruido gran parte del medio ambiente. Por ello, este diseño no sólo lleva la idea de las clases flotantes a dimensiones mastodónticas, sino que también tiene un gran carácter ecológico.

Y es que, en efecto, las Lilypads serían ciudades que podrían surcar los mares y océanos. ¿Y qué mejor forma para tener siempre accesible la energía del sol y del viento? El arquitecto también piensa en una ciudad que no emitiese ningún tipo de residuo, aprovechando combustibles como la biomasa para mover los motores de esta isla móvil.

Cada una de estas ciudades podría albergar 50 000 habitantes, y contarían con sus propias superficies de cultivo. Esta sería una de las fuentes alimenticias para la población, además del comercio de toda la vida, pues cada Lilypad tendría su propio puerto y, al ser una ciudad flotante, también podría amarrar cerca de ciudades costeras de las de toda la vida.

Callebaut resume el concepto como un "prototipo de ciudad anfibia y autosuficiente". La viabilidad del proyecto es bastante irreal, más digna de una novela de Isaac Asimov. Claro que está planteado como algo que podría existir dentro de unos cien años. ¿Tendrá tanto acierto Callebaut como los autores de aquellas postales del año 1900 que imaginaban los avances tecnológicos actuales?

Disponible en: <http://www.tuexperto.com/2008/06/30/lilypad-la-ciudad-flotante-del-futuro/>.
Acceso: el 10 de enero de 2009.

1. Tras leer el texto, tacha las informaciones incorrectas:

   a) Lilypad es un proyecto que está siendo desorrollado en algunas zonas costeras del mundo.

   b) Vincent Callebaut cree que en 2100 el medio ambiente seguirá igual al de la actualidad.

   c) El proyeto Lilypad fue diseñado para evitar cualquier tipo de residuo.

   d) En 2100 es posible que haya ciudades anfibias del tipo Lilypad.

   e) La gente del inicio del siglo XX ya preveía prototipos de ciudades anfibias.

2. Reescribe las frases incorrectas de la cuestión anterior, corrigiéndolas:

   _____
   _____
   _____

3. Sobre Lilypad, es correcto afirmar:

   a) Es un proyecto de ciudad de Isaac Asimov.

   b) Fue creado para solucionar el problema de contaminación urbana.

   c) Es una ciudad florante que aprovecha la energía solar y el viento.

   d) Fue pensada para tener su propia forma de subsistencia.

Interactuando con el texto

Sugerencia: Leonardo da Vinci: una presentación ordenada de varios inventos de Da Vinci. <http://www.universia.com.br/materia/materia.jsp?materia=9154>. Los 10 mejores inventos de Da Vinci: <http://www.todointeresante.com/2008/08/los-mejores-inventos-deleonardo-da.html>.

En equipos de 3 ó 4 compañeros.

1. ¿Creen que el proyecto de Callebaut es viable? ¿Por qué?

   _____

2. En la historia de la Humanidad hubo grandes soñadores, como Leonardo da Vinci y Julio Verne. Mencionen algunos de sus proyectos que en su época fueron considerados irreales pero que se han realizado.

Puerta de salida

Más "Historias reales, historias imaginarias"

Hay historias reales que parecen inventadas e historias inventadas que podrían ser verdaderas. Entre las historias que siguen hay dos imaginarias. ¿Cuáles son? Y además, en las historias inventadas hay un dato erróneo que tenés que descubrir.

1. Más caro que una joya

En un parque nacional de Honduras vive una especie de escarabajo de colores maravillosos. Muchos entomólogos se han dedicado a estudiarlos, pero también han fascinado a los coleccionistas. Un escarabajo rojo puede venderse a 200 dólares y uno dorado, a más de 500 dólares.

Como el comercio de escarabajos se ha convertido en un gran negocio, se tomaron medidas especiales para proteger a estos insectos.

2. El récord del copista

Antes de que se inventara la imprenta, los libros se copiaban a mano. El monje italiano Girolamo, que nació en 1253, se hizo célebre por ser el mayor copista de la historia. Se asegura que llegó a reproducir 532 ejemplares de la Biblia durante toda su vida. Trabajaba de día y también de noche, con apenas la luz de una vela cubierta por una campana de cristal.

3. Descubrimiento

A fines de 1960 un vagabundo que había buscado refugio en una casa abandonada de Salta (Argentina) descubrió pequeñas piezas de metal en el fondo del aljibe del patio. Usando un imán atado a un palo logró que las piezas se pegaran al imán y las subió lentamente. Eran cien valiosas monedas de cobre de la época de la conquista.

VIVA, la revista de Clarín, 21 deciembre de 2003. VIVA, la revista de Clarín, 10 de junio de 2001.

SOLUCIONES: Las historias 2 y 3 son imaginarias; 2. La vela no podría estar cubierta por la campana porque se apagaría; 3. El cobre no es atraído por los imanes.

Sugerencia de lectura:

CÁRCAMO ROMERO, Juan. La última clase. Disponible en: <http://www.losmejorescuentos.com/cuentos/CF1045.php>. Acceso: el 27 de diciembre de 2011. Lean este cuento o algún otro que sea de ciencia ficción y discutan cómo la tecnología ha mejorado o empeorado la vida cotidiana de los pueblos.

¡Chao! ¡Nos vemos el próximo curso!

Escuchando (solución)

Pista 1 – Unidad 1 – Pág. 11

Secciones del diario.

a) Departamento Tipo casa en alquiler 2 dormitorios. Capital Federal. $ 2400.

b) Ese gol que no se podía perder.

c) La gente se acerca desde temprano a votar.

d) Uno de cada 4 argentinos ya ve la tele en una computadora.

e) Facebook estrenó un cambio que muestra toda la historia del usuario.

f) El corsario: un ballet que le gusta a todo el mundo.

g) Viaje al fondo de ti mismo.

h) Kaurismaki, premiado por el mejor filme francés del año.

i) Europa en crisis: los barrios de Londres donde reinan la pobreza y la frustración.

Pista 2 – Unidad 1 – Pág. 15

Canción de la película Habana Blues
No se vuelve atrás, no se vuelve (bis)
no preguntes quiénes somos,
mucho menos quiénes fuimos,
en dónde nacimos, qué hicimos,
que sobrevivimos, no te preocupes así,
lo importante, no es cómo llegamos,
si estamos aquí,
es lo que representamos
a cada momento quiero ser libre como el viento por el pavimiento,
escucha como suena el mestizaje de esta lengua,
sublevao ya no hay mayoral que nos reprenda.
[estribillo:]
Vamos abriendo paso, venciendo dificultad,
porque el que está fijo a una estrella no se vuelve atrás,
y aunque duro está el camino,
no se vuelve atrás
y aunque no te queden fuerzas
no se vuelve atrás
el mestizaje de esta lengua
no se vuelve atrás
porque el que está fijo a una estrella no se vuelve atrás.

Pista 3 – Unidad 1 – Pág. 21

Día de los trabajadores

Pista 4 – Unidad 1 – Pág. 24

Entrevista a Carlos Baute

a) Pregunta de la entrevistadora: Tu disco se llama "De mi puño y letra", ¿por qué?

b) Pregunta de la entrevistadora: ¿Y no tiene que ver con que sean tuyas todas las canciones?

c) Pregunta de la entrevistadora: ¿Qué haces para componer?

d) Pregunta de la entrevistadora: ¿Qué hay de autobiográfico en este álbum?

e) Pregunta de la entrevistadora: ¿También podemos escuchar canciones sociales?

Pista 5 – Unidad 2 – Pág. 39

Los paraguas

Pista 6 – Unidad 2 – Pág. 49

Marketing emocional

Cuando realizamos una compra muchas veces no nos damos cuenta, pero interviene inconscientemente un estímulo, "una emoción". Si nuestro estado emocional es positivo compramos, si no lo pasamos por alto. Este proceso es la base del *marketing* emocional (...)

En temporadas difíciles, donde la economía apremia o quizás estamos en constante estrés, el *marketing* emocional toma un papel fundamental dentro de las estrategias de la campaña, pues su papel es cambiar el estado de ánimo del consumidor e influir directamente en la percepción de que no todo es malo y asociar con alegría o satisfacción el consumo de un producto.

Un ejemplo directo de *marketing* emocional podría ser un juego de fútbol para las eliminatorias al mundial, donde todos estamos tensos cuando juega nuestra selección. Si ganamos el partido pues saltamos de alegría, se nos antoja salir con amigos, divertirnos. Pero ¿si nuestra selección pierde? todo es malo, ya no queremos salir con los amigos, los ánimos disminuyen. Crees que si te venden una camiseta de tu selección al ratito de que tu selección ha perdido ¿la comprarías? lo pensarías, ¿no? (...) A esto simplemente lo llamamos *marketing* emocional.

Pista 7 – Unidad 2 – Pág. 60
Dime cómo duermes y te diré quién eres

Pista 8 – Unidad 3 – Pág. 69
La papa

Posiblemente el principal aporte cultural de la antigua cultura aymara, a la humanidad, sea la domesticación de la papa (patata). cuando los españoles conquistaron al imperio Inca encontraron a la papa cultivada y consumida en todo el territorio Inca.

Sin embargo, en la meseta del Titicaca, como en ningún otro lugar, encontraron más de 200 variedades. Los antiguos aymaras también fueron pioneros en inventar la técnica de deshidratación de la papa, con fines de almacenaje. Esta papa deshidratada es obtenida y consumida masivamente hasta los días de hoy y es conocida como ch'uñu (chuño). Dependiendo del procedimiento particular usado puede tener otros nombres, *tunta*, *muralla*, etc.

Esta técnica de deshidratación de la papa es basada en el aprovechamiento de las condiciones climáticas de los 4 000 metros de altura de la meseta del Titicaca. La papa es expuesta alternada y constantemente, durante 2 semanas, a los quemantes rayos solares diurnos y a los congelantes fríos nocturnos.

Después de la conquista española del imperio incaico, la papa fue rechazada como alimento por los españoles, por aproximadamente 2 siglos en algunas partes de Europa era una planta decorativa. Fue en Irlanda, que no tenía otras alternativas alimenticias, donde la papa se convierte rápidamente en alimento exclusivo. Esta dependencia se manifesta dramáticamente cuando aparece una plaga que acaba con cosechas enteras de los irlandeses. Hasta ahora ellos recuerdan esa calamidad como la Irish Famine. A partir de la aceptación de los irlandeses, después de los ingleses (patata inglesa), la papa es aceptada en todo el mundo como un alimento de primer orden. El término potato, y sus derivados como patata, batata, etc.; es de origen caribeño y fueron los ingleses quienes lo acuñaron.

Pista 9 – Unidad 3 – Pág. 80
¡Y ahora Marge Simpson abrió un blog de comida!

Pista 10 – Unidad 3 – Pág. 83
Curriculum de Valeria Trapaga.

Es sommelier internacional. Especialista en cata de yerba mate, graduada en la Escuela Argentina de Sommeliers. Actualmente es asesora de Las Marías.

Pista 11 – Unidad 4 – Pág. 95

Según el *Livro Vermelho da Fauna Brasileira Ameaçada de Extinção* en Brasil existen 627 especies de animales que pueden desaparecer en pocos años, de las cuales, el 60% son de la Floresta Atlántica, el 9,1% son de la Amazonia y el 4,7% de la región del Pantanal. Las principales causas de extinción son la deforestación, los incendios, la fragmentación de los hábitats debido a la expansión del cultivo de soya y de la ganadería, el tráfico de animales salvajes, el rompimiento de cadena alimentaria, la pesca excesiva.

Pista 12 – Unidad 4 – Pág. 110
El fotógrafo de Joel Sartore

Las imágenes tomadas por el fotógrafo estadounidense Joel Sartore, miembro de la National Geographic Society, de 20 años, forman parte del libro "Rare – Portaits of America's Endangered Species". El fotógrafo presenta 68 especies en su libro, que van desde los lobos, plantas carnívoras y el conejo pigmeo (Columbia Basin), cariñosamente llamado Bryn. Fue una de las últimas dos hembras de su especie que fue baleada y murió pocos meses después, y luego Rafaela que era la última, marcando su extinción definitiva. (…)

En la actualidad hay cerca de 1 500 especies conocidas en todo el mundo que están en peligro de extinción, Joel planea viajar por todo el mundo para grabarlas.

Creo que es un libro muy triste, porque puede convertirse en un mórbido catálogo de especies extintas. Por otro lado, veo este libro como una esperanza, una manera de estimular el compromiso humano y el respeto a todas las otras especies que comparten el mismo espacio con nosotros.

Pista 13 – Unidad 4 – Pág. 116
La teoria evolucionista

Es una alusión a la parte de la teoría evolucionista que afirma que el hombre sería un primo evolucionado del mono, pues ambos conservan características muy próximas y peculiares, como el uso de los dedos en formato de pinza para sujetar cosas o alimentos, andar sobre dos patas o piernas, etc.

Referencias

BUARQUE, Chico. **A arte de Chico Buarque**. [S.l]: Phonogram/Philip, 1975. LP.
DICCIONARIO SALAMANCA DE LA LENGUA ESPAÑOLA. Madrid: Santillana/Universidad de Salamanca, 1996.
EL PAÍS, Buenos Aires, Suplemento El Escolar, n. 1390, 30 abr. 2003.
El PAÍS, Montevideo, 16 feb. 2006.
LA NACIÓN, Sección 4, p. 7, 14 nov. 2004.
LA NACIÓN Revista, 2 ene. 2005.
LA NACIÓN, n. 1912, 26 feb. 2006.
MURAL, México, 24 nov. 2007.
MUY INTERESANTE Junior. España, n. 500, dic. 2008.
MUY INTERESANTE. Argentina, año 25, n. 293, mar. 2010.
VIVA, revista de Clarín, 10 jun. 2001.
VIVA, revista de Clarín, 10 jun. 2001.
VIVA, revista de Clarín, 25 mayo 2001.
VIVA, revista de Clarín, 27 mayo 2001.
VIVA, revista de Clarín, 24 nov. 2002.
VIVA, revista de Clarín, 21 dic. 2003.
VIVA, revista de Clarín, n. 1490, 21 nov. 2004.
VIVA, revista de Clarín, 2 nov. 2008.

Sites

<www.aymara.org/cultura-aymara.html>
<http://edant.clarin.com/diario/2009/01/20/um/m-01842775.htm>.
<http://www.eluniversal.com.mx/notas/570302.html>.
<http://veja.abril.com.br/blog/augusto-nunes/historia-em-imagens/cinco-tipos-paulistanos/>.
<http://www.chistes.com/Clasificacion.asp?ID=168>.
<http://www.barrameda.com.ar/ecologia/desastre.htm>.
<http://mamanimamani-bolivia.blogspot.com/>.
<http://spanishpoems.blogspot.com.br/2005_03_01_archive.html>.
<http://www.serindigena.org/territorios/aymara/art-ay-ce1.htm>.
<http://es.wikipedia.org/wiki/Foodie>.
<http://cukmi.com/%C2%A1y-ahora-marge-simpson-abrio-un-blog-de-comida/>.
<http://www.folha.uol.com.br/folhinha/1011763-mais-de-300-indigenas-brasileiros-participam-de-olimpiada.shtml>.
<http://www.portaldascuriosidades.com/forum/index.php?topic=62538.0>.
<http://www.elmundo.es/elmundo/2008/08/27/ciencia/1219837620.html>.
<http://www.elmundo.es/elmundo/2009/01/05/ciencia/1231181800.html>.
<http://www.elmundo.es/elmundo/2011/10/28/ciencia/1319824569.html>.
<http://www.muyinteresante.es/iinspiro-picasso-el-diseno-de-los-logotipos-de-los-mac-de-apple>.